まちごとチャイナ

Shandong 009 Qufu

曲阜

儒教の聖地「孔子故里」

Asia City Guide Production

【白地図】山東省と曲阜

CHINA
山東省

山東省と曲阜

Qufu 白地図

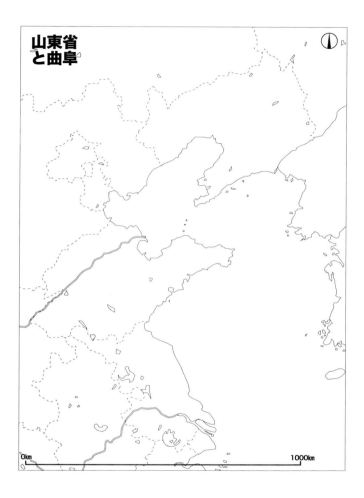

【白地図】曲阜

CHINA
山東省

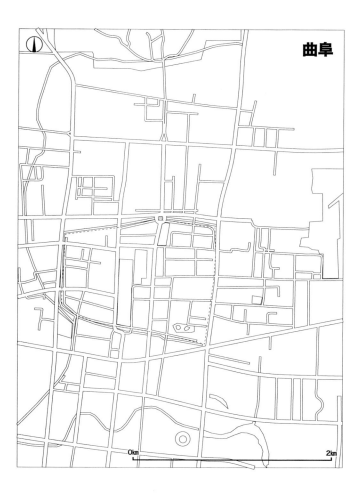

【白地図】孔廟南門

CHINA
山東省

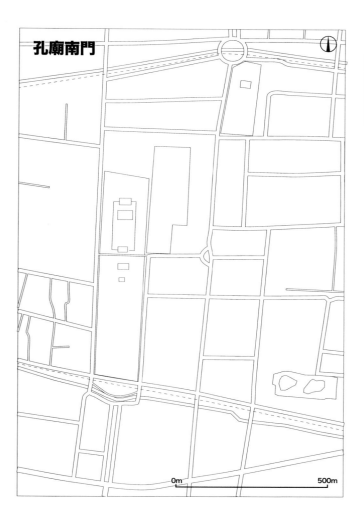

【白地図】孔廟

CHINA
山東省

孔廟

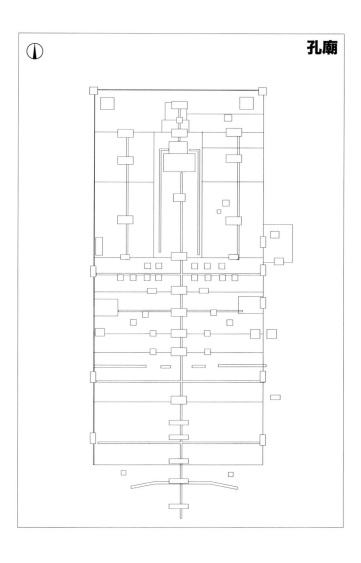

Qufu 白地図

【白地図】孔府

CHINA
山東省

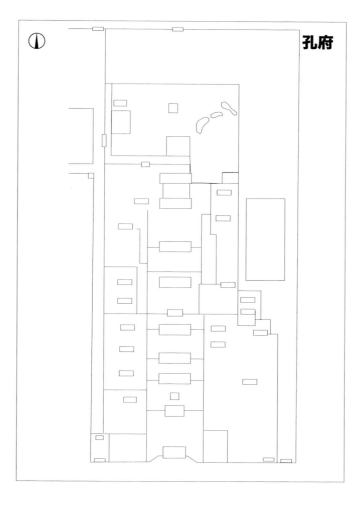

孔府

Qufu 白地図

【白地図】曲阜旧城

CHINA
山東省

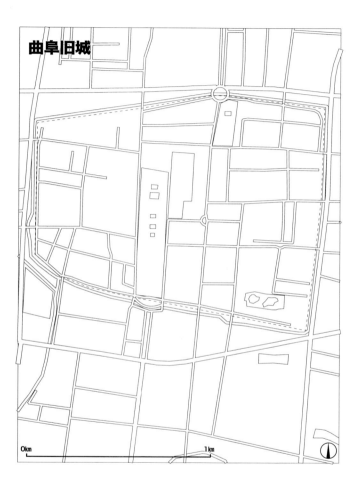

【白地図】孔林外域

CHINA
山東省

【白地図】周公廟

CHINA
山東省

【白地図】曲阜南部

CHINA
山東省

曲阜南部

Qufu 白地図

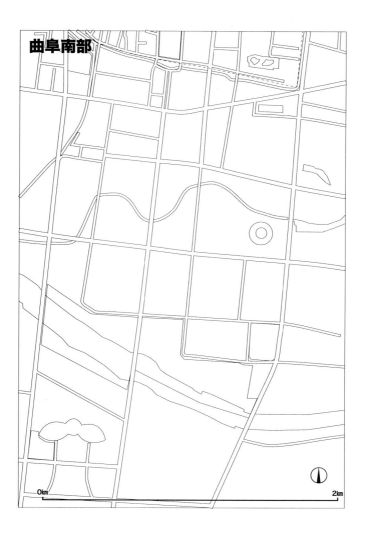

【白地図】曲阜東部

CHINA
山東省

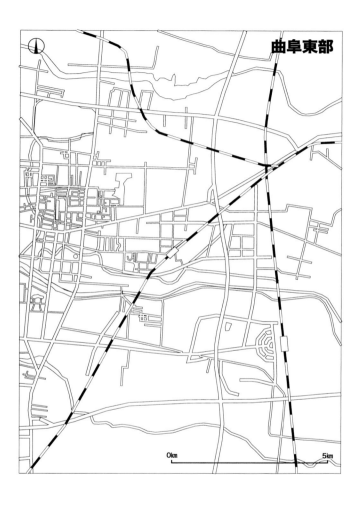

【白地図】尼山

CHINA
山東省

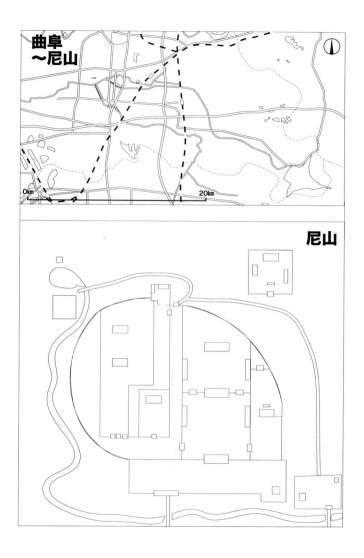

【白地図】曲阜～鄒城

CHINA
山東省

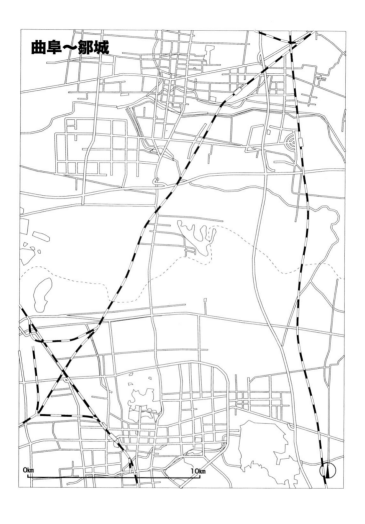

曲阜～鄒城

Qufu

白地図

【白地図】鄒城

CHINA
山東省

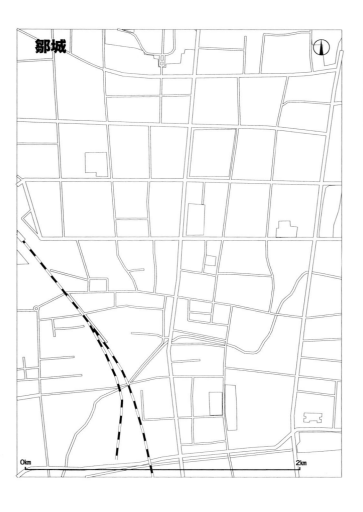

【白地図】曲阜郊外

CHINA
山東省

曲阜郊外

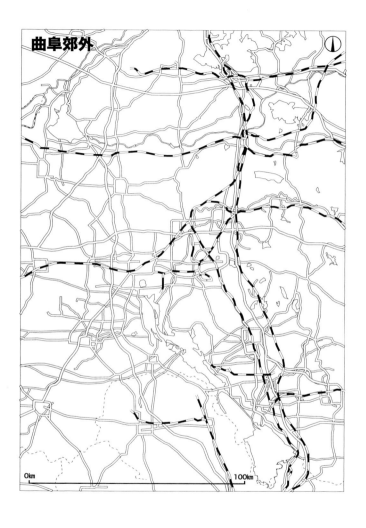

Qufu 白地図

【まちごとチャイナ】

001 はじめての山東省

002 はじめての青島

003 青島市街

004 青島郊外と開発区

005 煙台

006 臨淄

007 済南

008 泰山

009 曲阜

CHINA
山東省

春秋戦国時代の魯国にあたり、この地に生き、儒教を創始した孔子（紀元前551～前479年）故里の曲阜。儒教は孔子の死後、弟子たちによって広められ、中国歴代王朝の保護を受けたことで、2000年に渡って国教の地位をしめた。

古代中国の伝説の王である炎帝や少昊が魯国（曲阜）に都をおいたといい、紀元前11世紀、理想の治世を築いた西周の周公が曲阜に封建されている（実際は、周公の子の伯禽が派遣された）。こうして魯国（曲阜）では周の伝統をよく残し、

曲阜 Qufu
曲阜 Qū fù チュウフウ

中原東方の学問、教育の中心地となり、孔子は周公時代の礼楽、徳治を理想とした。

　魯の街は、隋代の 596 年以来、曲阜という地名で呼ばれ、以後、孔子ゆかりの聖地として歴代王朝に保護されてきた。現在の曲阜は、明代に造営されたもので、孔子をまつった「孔廟」を中心に、1522 年に完成した城壁が周囲をめぐる。また孔子の子孫たちが暮らした「孔府」、孔子やその一族の墓所「孔林」をあわせて、「三孔」と呼び、曲阜の明故城景区として、世界遺産に指定されている。

【まちごとチャイナ】
山東省 009 曲阜

目次

曲阜	xxx
儒教三千年の都	xxxvi
孔廟南門鑑賞案内	xlvii
孔廟外域鑑賞案内	lxi
孔廟前域鑑賞案内	lxviii
孔廟内域鑑賞案内	lxxiv
東西両路鑑賞案内	lxxxv
孔府鑑賞案内	xcv
春秋魯国と孔子の生涯	cix
曲阜旧城城市案内	cxvii
孔林外域城市案内	cxxxvii
孔林鑑賞案内	cxliii

| Qufu
曲阜

周公廟鑑賞案内	clvi
曲阜南部城市案内	clxvi
曲阜東部城市案内	clxxiv
尼山鑑賞案内	clxxxvii
鄒城城市案内	cxcvi
曲阜郊外城市案内	ccxiii
城市のうつりかわり	ccxxv

【MEMO】

CHINA
山東省

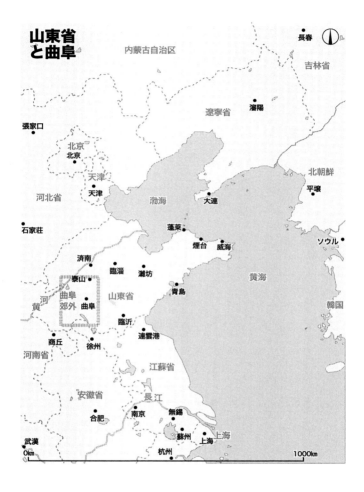

儒教三千年の都へ

CHINA
山東省

済南から南150kmに位置する曲阜
神農、黄帝、少昊といった古代帝王が都をおき
儒教を説いた孔子ゆかりの聖地

儒教と孔子

孔子（紀元前551～前479年）の生きた春秋時代は、周王室の権威がおとろえ、各地の諸侯や家臣がそれぞれの力をもとに権力をにぎるようになっていた。こうしたなか、孔子は周の治世を理想とし、君は君として、臣は臣として、父は父として、子は子として、礼節、規範、秩序、個人の道徳的修養を説いた（人の道「仁」や、親を敬う「孝」といった孔子の学問や教えは、孔子以前の中国文化の集大成とされる）。こうした孔子の教えや生涯は、弟子との対話をまとめた『論語』や司馬遷『史記』によって伝えられ、後世の儒者たちがそ

Qufu 儒教三千年の都へ

の教えを発展、展開させた。漢の武帝の時代に、儒教は中国の国教となって保護され、以後、2000年に渡って中国王朝の統治のよりどころとなった。孔子の儒教が、洙水と泗水の流れる曲阜で生まれたことから、儒教(孔子教)を、「洙泗」とも呼び、孔子は仏教のブッダ、キリスト教のイエス、イスラム教のムハンマドとならぶ四聖にもあげられる。

日本に強い影響をあたえた儒教

儒教の教えは、漢(紀元前202〜220年)代から東アジアに広がっていき、ベトナム、韓国朝鮮、日本に絶大な影響を

CHINA
山東省

あたえた。日本では、百済を通じて応神天皇15年に『論語』が伝わったことが『日本書紀』に記され、聖徳太子（574〜622年）の『十七条憲法』のなかには儒教思想が色濃く見られる。儒教は日本人の文化、教育、道徳などに強い影響をあたえ、儒教から展開した朱子学は、江戸時代の日本で独自の発展をした。薪を背負った二宮金次郎は儒教の経典『大学』を読み、東京の湯島聖堂では孔子がまつられ、儒教の祭祀「釈奠（せきてん）」が行なわれている。また戦後日本になって、儒教をもととする封建的な考えと、戦争の関わりが指摘され、教育や家庭の場から儒教的価値観がうすらぐことになった。

▲左　孔子をまつる孔廟の大成殿、曲阜の街はここを中心につくられている。
▲右　黄色の瑠璃瓦は皇帝にのみ許されたもの

なお岐阜という県名は、孔子が理想とした周発祥の地である「岐山」と、儒教の聖地である「曲阜」から一文字ずつとって名づけられたものだという。

魯国の伝統

殷周革命（紀元前 11 世紀）を成し遂げた周は、殷の勢力が残る東夷の地に、周の実力者の太公望と周公旦を封建した。前者が臨淄を都とする「斉」、後者が曲阜を都とする「魯」のはじまりで、とくに魯は周王朝と強い関係をもち、夏禹王、殷湯王、周文王や武王の楽舞をはじめとする周の豊かな文物

CHINA
山東省

と伝統が直接、伝えられた。当時の曲阜（魯国）は、都鎬京（西安）につぐ政治、経済、文化の中心地であり、紀元前249年に楚に滅ぼされるまで、34代900年続く、周の侯国のなかでももっとも由緒ある国のひとつであった。魯国に保存されていた文物を整理、編纂した「孔子」、ものさし、雲梯（戦争用のはしご）などの器具を発明した伝説的工匠の「魯班」、儒家とならぶほどの勢力だった諸子百家の「墨子」も、春秋戦国時代の魯国の出身者と知られる。現在、山東省の古名を「魯」、山東料理を「魯菜」、また狭義に泰山より南の山東省南部（春秋戦国の魯国の領地）を「魯」と呼ぶ。

Qufu 儒教三千年の都へ

曲阜の構成

曲阜は、山東省中央部の低い丘陵と、山東省南西部の平原がちょうど交わる場所に位置し、三方向を丘陵に囲まれている。曲阜という街名は「魯城東有阜、委曲長七八里、故名曲阜（曲阜の東にあった長さ3kmほどの阜こと丘）」という後漢の記録からとられ、隋代の596年に曲阜とはじめて称された。春秋戦国時代の魯国は、今の曲阜よりもはるかに大きく、現在の旧城外にある周公廟がその中心であったという。城壁に囲まれた曲阜旧城は、明代に造営されたもので、孔廟の正門が街の南門となるなど、孔子をまつる「孔廟」を中心に街がつ

CHINA
山東省

くられ、その横に位置する孔子子孫の邸宅「孔府」とあわせて旧城面積の大部分をしめる（旧城では孔廟の大成殿より高い建物を建てることは制限されているという）。また曲阜旧城の中軸線の北側には孔子の墓である「孔林」が位置し、これらを「三孔（世界遺産）」と呼ぶ。街の南東にある曲阜駅に加え、東郊外には高鉄の曲阜東駅が整備され、曲阜近郊では南郊外に孟子ゆかりの「鄒城」、西郊外に曲阜を管轄する上級都市「済寧」が位置する。

【MEMO】

【地図】曲阜

【地図】曲阜の [★★★]
- ☐ 万仞宮壁 万仞宮墙ワンレェンゴォンチィアン
- ☐ 孔廟 孔庙コォンミィアオ
- ☐ 孔府 孔府コォンフウ
- ☐ 孔林 孔林コォンリィン

【地図】曲阜の [★★☆]
- ☐ 曲阜旧城 曲阜旧城チュウフウジィウチャアン
- ☐ 顔廟 颜庙イェンミィアオ
- ☐ 万古長春坊 万古长春坊ワァングウチャンチュンファン
- ☐ 孔子墓 孔子墓コォンツウムウ
- ☐ 周公廟 周公庙チョウゴォンミィアオ

【地図】曲阜の [★☆☆]
- ☐ 鼓楼北街 鼓楼北街グウロウベイジエ
- ☐ 西関清真寺 西关清真寺シイグゥアンチィンチェンスウ
- ☐ 古泮池 古泮池グウパァンチイ
- ☐ 神道 神道シェンダァオ
- ☐ 至聖林坊 至圣林坊チイシェンリィンファン
- ☐ 魯国故城 鲁国故城ルウグゥオグウチャアン
- ☐ 孔子六芸城 孔子六艺城コォンツウリィウイイチャン
- ☐ 孔子研究院 孔子研究院コォンツウユェンジィウユゥエン
- ☐ 孔子文化園 孔子文化园コォンツウウェンフゥアユゥエン

CHINA
山東省

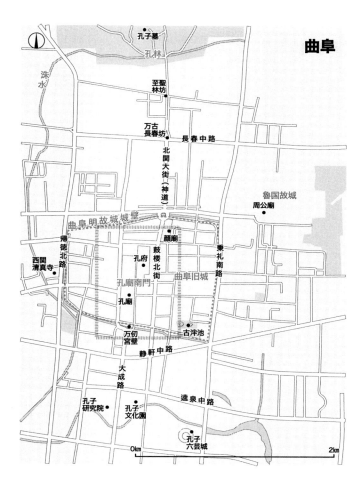

曲阜

Qufu　儒教三千年の都へ

【MEMO】

CHINA
山東省

Guide,
Kong Miao Nan Men
孔廟南門
鑑賞案内

先に孔廟があり、あとから街がつくられた
曲阜旧城は、孔廟を中心として
それをとり囲むように明代の城壁がめぐる

曲阜旧城 曲阜旧城
qū fù jiù chéng チュウフウジィウチャアン [★★☆]

現在の曲阜旧城は、孔子の生きた魯国故城の南西隅にあたり、その規模も7分の1程度になっている。宋代の1012年以来、金、元、明と曲阜の中心は、寿丘近くの旧県村にあったが、明代、戦火で破壊された孔廟を保護する目的で、孔廟を中心に街がつくられ、1513年に建設がはじまり、1522年に現在の県城が完成した（孔廟にあわせて街をつくった）。この旧城の大部分を「孔廟」と「孔府」がしめ、中央部には「鼓楼」、南の門「万仞宮壁」から続く中軸線の北側延長に「孔林」が

CHINA
山東省

位置する。またゆるやかな曲線を描きながら高さ 6m、全長 5300m の城壁がめぐり、四方に城門を配置する。曲阜旧城の西と北を泗河と洙河がめぐり、沂河が南郊外を流れている。

万仞宮壁 万仞宫墙 wàn rèn gōng qiáng
ワァンレェンゴォンチィアン ［★★★］

万仞宮壁は、曲阜旧城の正門（南門）で、孔廟の南門でもある。曲阜が現在の姿になった明代の 1522 年に完成し、当初は仰聖門と呼ばれていた。万仞宮壁とは 1748 年、清の乾隆帝が名づけたもので、「夫子の牆や数仞、その門を得て入ら

Qufu 孔廟南門鑑賞案内

▲左　済南や青島にくらべればこぢんまりとした曲阜の街。　▲右　明代創建の万仞宮壁、堂々としたたたずまい

ずんば、宗廟の美、百家の富を見ず」という子貢の言葉にちなむ。現在では、「万仞宮牆（万仞宮壁）」の扁額が見え、かつての「仰聖門」の扁額は、北門に遷された（仰聖とは、孔子の徳を「これを仰げばいよいよ高し」といった顔淵の言葉）。堂々としたたたずまいを見せる巨大な双門甕城で、防御にもすぐれ、ここから左右に曲阜旧城をとり囲む高さ6mの城壁が走る。

【地図】孔廟南門

【地図】孔廟南門の [★★★]
- ☐ 万仞宮壁 万仞宫墙 ワンレェンゴォンチィアン
- ☐ 孔廟 孔庙 コォンミィアオ
- ☐ 大成殿 大成殿 ダアチャアンディエン
- ☐ 孔府 孔府 コォンフウ

【地図】孔廟南門の [★★☆]
- ☐ 闕里街 阙里街 チュエリイジエ
- ☐ 顔廟 颜庙 イェンミィアオ

【地図】孔廟南門の [★☆☆]
- ☐ 闕里坊 阙里坊 チュエリイファン
- ☐ 鐘楼 钟楼 チョンロウ
- ☐ 闕里賓舎 阙里宾舍 チュエリイビィンシェエ
- ☐ 鼓楼 鼓楼 グウロウ
- ☐ 鼓楼北街 鼓楼北街 グウロウベイジエ
- ☐ 陋巷 陋巷 ロウシィアン
- ☐ 延恩門 延恩门 イェンアンメン
- ☐ 古泮池 古泮池 グウパァンチイ

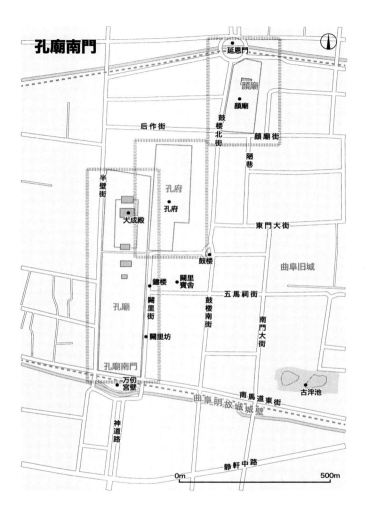

【地図】孔廟

【地図】孔廟の ［★★★］
- [ ] 孔廟 孔庙コォンミィアオ
- [ ] 大成殿 大成殿ダアチャアンディエン
- [ ] 孔府 孔府コォンフウ

【地図】孔廟の ［★★☆］
- [ ] 外域 外部ワァイブウ
- [ ] 前域 前部チィエンブウ
- [ ] 奎文閣 奎文阁クゥイウェンガア
- [ ] 内域（中路）内部ネイブウ
- [ ] 杏壇 杏坛シィンタァン

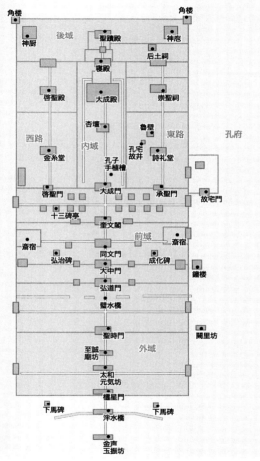

【地図】孔廟

【地図】孔廟の ［★☆☆］
- [ ] 金声玉振坊 金声玉振坊 ジンシェンユウチェンファン
- [ ] 欞星門 棂星门 リィンシィンメン
- [ ] 聖時門 圣时门 シェンシイメン
- [ ] 弘道門 弘道门 ホォンダァオメン
- [ ] 大中門 大中门 ダアチョンメン
- [ ] 同文門 同文门 トォンウェンメン
- [ ] 十三碑亭 十三碑亭 シイサンベイティン
- [ ] 大成門 大成门 ダアチャンメン
- [ ] 孔子手植檜 先师手植桧 シィェンシイショウチイグイ
- [ ] 寝殿 寝殿 チィンディエン
- [ ] 聖蹟殿 圣迹殿 シャンジイディエン
- [ ] 詩礼堂 诗礼堂 シイリイタァン
- [ ] 孔宅故井 孔宅故井 コォンチャァイグウジィン
- [ ] 魯壁 鲁壁 ルウビィイ
- [ ] 崇聖祠 崇圣祠 チョンシェンツウ
- [ ] 后土祠 后土祠 ホウトゥツウ
- [ ] 故宅門 故宅门 グウチャイメン
- [ ] 闕里坊 阙里坊 チュエリイファン
- [ ] 鐘楼 钟楼 チョンロウ

【地図】孔廟

CHINA
山東省

孔廟 孔庙 kǒng miào コォンミィアオ ［★★★］

中国全土に位置する孔子をまつる孔子廟の総本山と言える曲阜の孔廟。孔子（紀元前551～前479年）が生前に使った堂（ひろま）と弟子たちの居室に、孔子の没した翌年、魯の哀公が孔子の冠、琴、車、書をおいたことにはじまる。以後、儒者や魯の人びとは郷飲酒や大射といった祭祀、儀式を行ない、漢の劉邦は曲阜に立ち寄って孔子の祭祀を行なった（孔廟を整備）。これが漢王朝400年の繁栄につながったと儒者が考えたことから、後漢の光武帝、明帝、北魏の孝文帝、唐の高宗、玄宗、宋の真宗、清の康熙帝、乾隆帝ら、歴代皇帝が孔

▲左　水を墨代わりに地面に書いていく。　▲右　金声玉振坊の奥が孔廟の聖域

子を追封し、2000年にわたって孔廟の増改築が続いてきた。現在の孔廟は、宋代に規模が拡大されたのち、明代の1513年に建築された様式を受け継いでいる。北魏時代に、宣尼廟と呼ばれたほか、先師廟、文廟、孔廟、聖廟ともいう。

孔廟の構成

万仞宮壁から欞星門、孔子像を安置する大成殿へと続く中軸線を中心に左右対称に建物が配置された孔廟。中軸線には中庭をもつ四合院式の9つの区画が南北に連なり、故宮をはじめとする中国の宮廷建築の様式をもつ。万仞宮壁から大中門

CHINA
山東省

までを「外域」、大中門から大成門まで「前域」、大成門より先は、中央の「内域」と「東西両路」にわかれる（寝殿より後ろは「後域」）。南北1130m、東西168mの敷地に、100あまりの建築、1500もの碑刻、1100株の古樹が残り、皇帝にのみ許された黄色の瑠璃瓦、紅壁で彩られている。

中国全土に建てられた孔子廟

漢代に儒教が中国の国教となったのち、唐代の619年に国学に孔子廟が建てられた。続いて630年、太宗（李世民）は全国の州県に孔子廟を建てる勅令を出し、中国全土で孔子廟が

見られるようになった。中国の都市では、孔子をまつる文廟（孔子廟）は、関羽をまつる武廟（関帝廟）、その都市の神さまをまつる城隍廟などとともに必ず見られ、南京の夫子廟、北京の孔廟がその代表格として知られる。

国際孔子文化節

孔子の生まれた9月28日に曲阜で行なわれる国際孔子文化節。歴代王朝が行なってきた孔子の祭祀で見られた「祭孔楽舞」はじめ、孔子や儒教をテーマとしたシンポジウム、礼、楽、射、御、書、数の六芸にまつわるイベントが開催される。

Guide, Kong Miao Wai Bu
孔廟外域鑑賞案内

曲阜の孔廟は北京の故宮、承徳の避暑山荘と
ならび称される中国三大古建築群のひとつ
広大な敷地をもつ孔廟の外域へ

外域 外部 wài bù ワァイブウ [★★☆]

万仞宮壁から曲阜旧城に入り、孔廟最南の金声玉振坊から、大中門までを外域と呼ぶ。「金声玉振坊」「欞星門」「太和元気坊」「至聖廟坊」「聖時門」というように、牌坊（扉のない開放的な門）と門が中軸線上に連続し、玉帯河にいたる。孔廟敷地の拡大とともに、宋代に大門（正門）だった「大中門（前域）」、明代に大門だった「弘道門（外域）」がより内側に入っていき、現在は「欞星門（外域）」が孔廟の大門にあたる。

【地図】孔廟外域

【地図】孔廟外域の [★★★]
- [ ] 孔廟 孔庙 コォンミィアオ

【地図】孔廟外域の [★★☆]
- [ ] 外域 外部 ワァイブウ
- [ ] 前域 前部 チィエンブウ

【地図】孔廟外域の [★☆☆]
- [ ] 金声玉振坊 金声玉振坊 ジィンシェンユウチェンファン
- [ ] 欞星門 棂星门 リィンシィンメン
- [ ] 聖時門 圣时门 シェンシイメン
- [ ] 弘道門 弘道门 ホォンダァオメン
- [ ] 大中門 大中门 ダアチョンメン
- [ ] 闕里坊 阙里坊 チュエリイファン
- [ ] 鐘楼 钟楼 チョンロウ

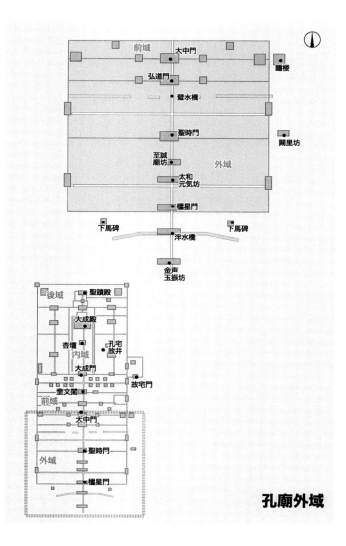

Qufu 孔廟外域鑑賞案内

孔廟外域

金声玉振坊 金声玉振坊 jīn shēng yù zhèn fāng
ジィンシェンユウチェンファン [★☆☆]

孔廟の入口に立つ3間4柱からなる石の牌楼の金声玉振坊。高さ5.6m、長さ13.5m、柱は八角形で、明代の1538年に山東巡撫胡纘宗によって建てられた(「金声玉振」の文字が刻まれている)。また門の金声玉振坊を過ぎ、古泮池から流れる泮水にかかる泮水橋を渡ったところの東西には下馬碑が立つ。中国皇帝は孔子に敬意を示し、ここで馬を降り、自らの足で孔廟内部へ向かった。

▲左　第2の門にあたる聖時門。　▲右　太和元気坊、至誠廟坊と牌楼が連続する

欞星門 棂星门 líng xīng mén リィンシィンメン ［★☆☆］

欞星門（第1の門）は孔廟の大門にあたり、欞星とは天の祭祀にあたって最初にまつる文星をさす（孔子廟や文廟の大門を欞星門と呼ぶ）。明代の1415年に建てられたときは木製だったが、1754年に石門となり、高さ10.34m、幅13mの姿を見せる。この欞星門の奥から孔廟の敷地となり、すぐ北には明代の山東巡撫曾銑が1544年に建てた「太和元気坊」、その北には「至誠廟坊」が立つ。

CHINA
山東省

聖時門 圣时门 shèng shí mén シェンシイメン［★☆☆］
孔廟の大門である欞星門に続いて立つ聖時門（第2の門）。明代の1415年に建立されたのちの1730年、清の雍正帝によって聖時門と名づけられた（儒家孟子が孔子を「聖の時の者なり」とたたえた言葉にちなむ）。アーチ型の門が三洞あるので、三圏門とも呼ぶ。

弘道門 弘道门 hóng dào mén ホォンダァオメン ［★☆☆］

玉帯河にかかる3つの「璧水橋」を越えたところに立つ弘道門（第3の門）。明代の1377年に建てられたときはここが孔廟の大門（正門）にあたった。弘道とは「人能く道を弘む」という意味で、清代の1729年以来、この名前で呼ばれている。高さ9.92mで、門の題額は清の乾隆帝によるという。また弘道門手前には、漢の魯王墓から遷された武具をもった2体の彫像を安置する「漢石人亭」が立つ。

Guide,
Kong Miao Qian Bu
孔廟前域鑑賞案内

CHINA
山東省

前域は孔廟のちょうど中央部
中国を代表する宋金時代の木造建築
にあげられる奎文閣が立つ

前域 前部 qián bù チィエンブウ [★★☆]

前域の入口にあたる「大中門」から、孔廟のへそ部分に立つ「奎文閣」、中国有数の石碑を残す「十三碑亭」をへて「大成門」へといたる。前域の東西両端には衍聖公府と有司が祭祀を行なうときに身を清めた斎宿所が見られる（また曲阜を訪れた清の乾隆帝は、この斎宿所で食事をとったという）。

大中門 大中门 dà zhōng mén ダアチョンメン [★☆☆]

外域と前域をわける大中門（第4の門）。宋代まではここが大門にあたったが、その後の王朝によって外域が整備され

たことから、孔廟の内側へ入ることになった。明の 1500 年、再建された 5 間の門で、門の扁額は清の乾隆帝によるという。

同文門 同文门 tóng wén mén トォンウェンメン ［★☆☆］
大中門に続いて立つ 5 間からなる同文門（第 5 の門）。北宋の創建で、当初は参道門と呼ばれていたが、清の雍正帝時代に同文門となった。門前両脇には明の成化帝と弘治帝の御碑が立ち、孔子廟を修復したことが記されている。同文門の東西には、釈奠の祭祀のとき、衍聖公が斎戒したという「聖府斎宿所（東）」、有司が斎戒した「有司斎宿所（西）」が位置する。

【地図】孔廟前域

【地図】孔廟前域の［★★★］
- [ ] 孔廟 孔庙コォンミィアオ

【地図】孔廟前域の［★★☆］
- [ ] 外域 外部ワァイブウ
- [ ] 前域 前部チィエンブウ
- [ ] 奎文閣 奎文阁クゥイウェンガア
- [ ] 内域（中路）内部ネイブウ

【地図】孔廟前域の［★☆☆］
- [ ] 弘道門 弘道门ホォンダァオメン
- [ ] 大中門 大中门ダアチョンメン
- [ ] 同文門 同文门トォンウェンメン
- [ ] 十三碑亭 十三碑亭シイサンベイティン
- [ ] 大成門 大成门ダアチャンメン
- [ ] 故宅門 故宅门グウチャイメン
- [ ] 鐘楼 钟楼チョンロウ

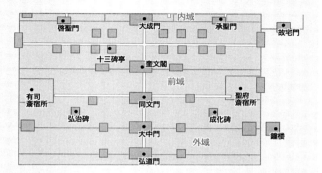

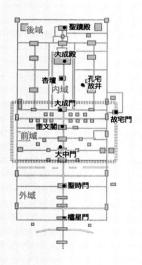

孔廟前域

Qufu 孔廟前域鑑賞案内

CHINA
山東省

奎文閣 奎文阁 kuí wén gé クゥイウェンガア ［★★☆］

奎文閣は、かつて孔廟の蔵書楼だった建物で、敷地のちょうど中央に位置する（第6の門）。北宋の1018年に創建されたのち、金代の1191年に修復され、奎文閣と名づけられた。「奎」とは文教をつかさどる星の名前で、ここでは官吏（奎文閣典籍）が皇帝から下賜された書籍、墨跡を管理した。現在の奎文閣は、明代の1500年に再建されたもので、高さ23.35mで三層、黄色の瑠璃瓦を載せる堂々とした木造建築となっている。現在、蔵書の大部分は失われてしまった。

▲左　大中門より内側は宋代の孔廟の敷地。　▲右　中国を代表する木造建築にもあげられる奎文閣

十三碑亭 十三碑亭 shí sān bēi tíng シイサンベイティン[★☆☆]

奎文閣と大成門のあいだにずらりとならぶ十三碑亭。唐代の668年に建てられた「唐贈太師魯国孔宣公碑」はじめ、元代の1307年の「パスパ文字（モンゴル語）の碑」など、歴代中国王朝による55の石碑が見られる。唐宋時代の石碑を保護する目的で、金、元、清の王朝が亭を整備し、すべてで13の碑亭があることから十三碑亭と名づけられた（金、元、清といった北方民族の王朝は、儒教を保護することで自らの統治を正当化するねらいがあった）。曲阜孔廟には1000を超える石碑が残り、西安碑林につぐ規模だと言われる。

Guide,
Kong Miao Nei Bu
孔廟内域
鑑賞案内

CHINA
山東省

孔子、ブッダ、キリストをあわせて三聖
またソクラテスをくわえて四聖ともいう
孔廟内域は儒教最高の聖域

内域（中路）内部 nèi bù ネイブウ ［★★☆］

孔子像をまつった大成殿を中心とする内域は、孔廟の核心部分と言える。その入口となるのが「大成門」で、東西に「金声門」「玉振門」をそなえる。また内域より奥は中路と東西両翼の三路になり、東路は「承聖門」、西路は「啓聖門」が門となっている。大成門からなかに入った中路では、東西に回廊がめぐり、大成殿とその前方の杏壇をとり囲んでいる。この東西回廊には、漢、魏、六朝の碑刻、漢画像石などが安置されている。

孔廟内域鑑賞案内　Qufu

大成門 大成门 dà chéng mén ダアチャンメン［★☆☆］
内域への入口となり、大成殿の門にあたる大成門（第7の門）。この門はふだん閉じられていて、両隣の「金声門」と「玉振門」が通用口の役割を果たす。また大成門に向かって雲龍の刻まれた石階があり、皇帝専用の階段となっていた。北宋の1104年に建てられ、その後、いくども再建されてきた。

【地図】孔廟内域

【地図】孔廟内域の [★★★]
- [ ] 孔廟 孔庙コォンミィアオ
- [ ] 大成殿 大成殿ダアチャアンディエン

【地図】孔廟内域の [★★☆]
- [ ] 前域 前部チィエンブウ
- [ ] 杏壇 杏坛シィンタァン

【地図】孔廟内域の [★☆☆]
- [ ] 大成門 大成门ダアチャンメン
- [ ] 孔子手植檜 先师手植桧シィエンシイショウチイグイ
- [ ] 寝殿 寝殿チィンディエン
- [ ] 聖蹟殿 圣迹殿シャンジイディエン
- [ ] 詩礼堂 诗礼堂シイリイタァン
- [ ] 孔宅故井 孔宅故井コォンチャァイグウジィン
- [ ] 魯壁 鲁壁ルウビィイ
- [ ] 崇聖祠 崇圣祠チョンシェンツウ
- [ ] 故宅門 故宅门グウチャイメン

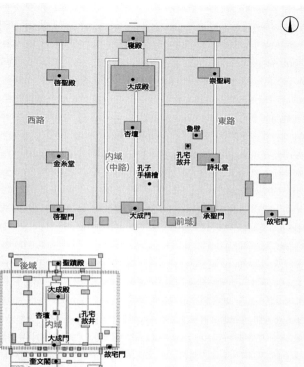
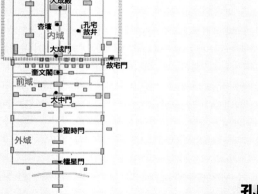

孔廟内域鑑賞案内 Qufu

孔廟内域

CHINA
山東省

孔子手植檜 先师手植桧 xiān shī shǒu zhí guì
シィェンシイショウチイグイ ［★☆☆］

杏壇の前方東側に残る孔子ゆかりの孔子手植檜。孔子が植えたという檜は3株あり、その枝ぶりは龍のようであったというが、309年に枯れてしまった。その後、たびたび生じては枯れ、現存する檜は清代の1732年のものだという。孔子の徳を、この樹木に重ねあわせて見られてきた。

孔廟内域鑑賞案内

杏壇 杏坛 xìng tán シィンタァン ［★★☆］

杏壇という名前は、「弟子が読書し、孔子が弦歌鼓琴した、その周囲に杏が植えてあった」という『荘子』の故事からとられている。宋代以前にはこの場所に大成殿があったが、1021年、孔子45代の孔道輔が大成殿を北側に遷した（孔廟を拡張した）。そのときに壇を築き、杏を植えたのがはじまりで、金、明代と再建され、明代の1569年に修復されて現在の姿となった。高さ12.05m、2層の建物で黄色の瑠璃瓦に聖獣が見られる。清の乾隆帝の「杏壇賛」の碑が立つ。

CHINA
山東省

大成殿 大成殿 dà chéng diàn ダアチャアンディエン［★★★］
北京故宮の太和殿、泰山岱廟の天貺殿とならぶ中国三大殿のひとつで、孔廟の本殿にあたる大成殿。1018年に創建され、もとを宣聖殿といったが、1104年、宋の徽宗のとき「孔子はこれを集めて大成す」という文言から大成殿となった。清の雍正帝時代に現在の姿となり、高さ24.8ｍ、幅45.8mで黄色の瑠璃瓦を屋根に載せる。また大成殿で見られる天へのぼる2匹の龍が彫られた高さ6m、直径0.8mの柱（28本）は中国芸術の傑作にあげられる（宮廷以上の美しさであることから、乾隆帝が訪れたときに布を巻いて隠したという逸話

▲左 柱にほどこされた龍の彫刻。 ▲右 孔廟の中心部に立つ大成殿、ここが曲阜の中心でもある

がある)。殿内中央には、「至聖先師」という位牌とともに高さ3.2mの孔子の塑像が安置され、両側には、四配(弟子の顔子、曾氏、孟子、子思)、後方には十二哲の塑像も見られる。孔廟が建てられたとき、孔子像はなく、木主と称する位牌があるだけだったが、東魏の539年には孔廟にはじめて孔子の塑像がおかれた(孔子の塑像をおいたのは、仏教の仏像の影響だとされる)。大成殿は故宮太和殿(北京)よりもレンガ3個分低く、それは皇帝に3つ分高さをゆずったのだという。

山東省

寝殿 寝殿 qǐn diàn チィンディエン ［★☆☆］

大成殿の背後に立ち、孔子の夫人丌官氏をまつる寝殿（孔子は19歳のとき、宋国人である丌官氏と結婚した）。宋代の1018年に創建され、雲妃殿とも称された。現在の建物は清の雍正帝の1730年に建てられたもので、高さ20m、牡丹と鳳凰の彫刻が見える。

孔廟内域鑑賞案内 Qufu

聖蹟殿 圣迹殿 shèng jī diàn シャンジイディエン［★☆☆］
孔廟の最奥部に立つ聖跡殿は、聖図殿とも呼ばれる。孔子にまつわる故事を縦 38 ㎝、横 60 ㎝の石に刻んだ 120 枚の「聖跡図」はじめ、孔子の画像や文献を収蔵する。明代の 1592 年、巡按御史何出光によって建立された。

儒教批判と曲阜

中国王朝の統治のよりどころでもあった儒教。近代、アヘン戦争（1840 ～ 42 年）や太平天国（1851 ～ 64 年）などで中国が弱体化するなか、王朝や封建体制を保護してきた教え

CHINA
山東省

として、儒教批判が起こるようになった（儒教を批判した代表格に魯迅がいる）。また1949年に中華人民共和国が成立し、毛沢東主導による政治権力闘争が行なわれた文化大革命（1966〜76年）では、孔子や儒教は批判、攻撃の対象になった。孔子の教えが否定され、大地主でもあった孔府に搾取されてきた小作人たち、紅衛兵（学生たち）が、曲阜の孔廟や孔府、孔林の建物や石碑を破壊していった（矛先は、首相の周恩来にもおよび「現代の大儒」「周公」として攻撃された）。荒れた曲阜は、文革以後に再建、整備が進んだ。

Guide, Dong Xi Liang Lu
東西両路鑑賞案内

中路と並行して走る東西両路
孔府に隣接する東路あたりに
孔子の旧宅が位置したという

詩礼堂 诗礼堂 shī lǐ táng シイリイタァン ［★☆☆］
春秋時代の孔子旧宅があったと伝えられる場所に立つ詩礼堂。詩礼堂という名称は、孔子が、子の孔鯉（伯魚）に詩と礼とを教えたという故事に由来する。宋代に建てられた当初、寿堂と呼んだが、明代の 1504 年に改修されて、詩礼堂となった。清朝の康熙帝は、ここで孔子の子孫の孔尚任から話を聴き、乾隆帝も詩礼堂で詩をつくったりした。

【地図】孔廟東路

【地図】孔廟東路の ［★★★］
- ☐ 孔廟 孔庙コォンミィアオ
- ☐ 大成殿 大成殿ダアチャアンディエン

【地図】孔廟東路の ［★★☆］
- ☐ 内域（中路）内部ネイブウ

【地図】孔廟東路の ［★☆☆］
- ☐ 十三碑亭 十三碑亭シイサンベイティン
- ☐ 詩礼堂 诗礼堂シイリイタァン
- ☐ 孔宅故井 孔宅故井コォンチャァイグウジィン
- ☐ 魯壁 鲁壁ルウビィイ
- ☐ 崇聖祠 崇圣祠チョンシェンツウ
- ☐ 后土祠 后土祠ホウトゥツウ
- ☐ 故宅門 故宅门グウチャイメン

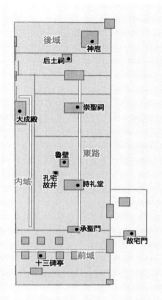
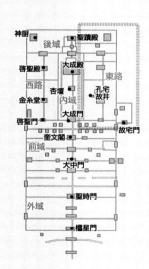

東西両路鑑賞案内

孔廟東路

孔宅故井 孔宅故井 kǒng zhái gù jǐng
コォンチャァイグウジィン ［★☆☆］

孔宅故井は、承聖門内の孔子旧宅にあった井戸で、孔子がこの井戸の水を飲用したと伝えられる。明代になって、兗州府知の童旭護が石欄をつくり、そのそばには清の乾隆帝による「故井賛」の碑が立つ。乾隆帝が孔府を訪れたとき、大臣たちにこの井戸の水を飲むよう勧めたという。

魯壁 鲁壁 lǔ bì ルウビィイ ［★☆☆］

中国全土を統一した秦の始皇帝は、紀元前213年、焚書坑儒を行なうことを決めた（法家以外の民間の書を焼き、儒者を生き埋めにした）。この始皇帝が山東省に巡察するという話が伝わると、孔子9世の孫孔鮒は『論語』『尚書』『孝経』をはじめとする儒教の経典を孔子故宅の壁に埋めて、自らは嵩山に隠居して難を逃れようとした。のちの漢代になって、魯の恭王が孔子邸宅の増改築を命じた際に、壁のなかから儒教の経典が発見された（書は春秋時代の古い文字で書かれていた）。現在の魯壁は後世につくられたもので、孔壁ともいう。

CHINA
山東省

崇聖祠 崇圣祠 chóng shèng cí チョンシェンツウ ［★☆☆］
孔子の先祖である啓聖王、昌聖王、詒聖王、裕聖王、肇聖王をまつった崇聖祠（宋代は斎堂、金代は金糸堂と呼ばれていた）。孔子の先祖は、宋の国から移住してきて、孔父嘉、木金父（肇聖王）、祈父睪夷（裕聖王）、防叔（詒聖王）、伯夏（昌聖王）と続いて、孔子の父である叔梁（啓聖王）にいたり、紀元前551年に孔子が生まれた。大成殿と同じく雲龍をほどこした柱が見られる。

▲左　皇帝や官吏などが建てたいくつもの石碑。　▲右　孔廟の東側に隣接して立つ孔府への道

后土祠 后土祠 hòu tǔ cí ホウトゥツウ ［★☆☆］

后土神主（句龍）をまつる后土祠。后土は古代中国の地母神（社稷、土地の神さま）で、家や国の守護神とされてきた。『左伝』に「共工氏に子あり、句龍といい、后土となる」という記述が見られる。

故宅門 故宅门 gù zhái mén グウチャイメン ［★☆☆］

孔廟の東側、東に孔府に接する孔子の故居界隈に立つ故宅門。孔子（紀元前551～前479年）は闕里の3つの部屋をもつ故宅に住んだと伝えられ、このあたりは孔廟、孔府のうちでも

山東省

もっとも古い伝統がある（春秋時代の魯国で生きた孔子が生活した場所）。現在の故宅門は、明代初期に建てられた。

神庖と神厨

孔廟北東隅に位置する神庖。儒教の祭祀である釈奠にあたって、ここでいけにえが処理される。また神庖と対称に、北西隅には調理人の使う神厨も位置する。

金糸堂 金丝堂 jīn sī táng ジィンスウタァン

魯の恭王が孔子故宅の改築を命じたとき、「壁から金石糸竹

の音が聞こえた（そして蔵書が出ていた）」という故事にちなむ金糸堂。金（1115〜1234年）代、東路に建立されたが、明（1368〜1644年）代に西路に遷ってきた。

啓聖殿 启圣殿 qǐ shèng diàn チイシェンディエン
西路の中央に立ち、孔子の父叔梁紇をまつる啓聖殿。啓聖殿という名称は、叔梁紇が啓聖王と称されることにちなみ、大成殿同様に雲龍の彫刻が見える。啓聖殿の前方には「金糸堂」、後方には「啓聖寝殿」が位置する。

Guide, Kong Fu
孔府鑑賞案内

孔子の子孫たちが暮らしてきた孔府
孔廟、孔子林とならぶ三孔のひとつで
世界遺産に指定されている

孔府 孔府 kǒng fǔ コォンフウ ［★★★］

孔廟の東側に隣接して立つ孔府は、孔子の子孫が暮らした孔家の邸宅。宋代の1055年、第46代孔宗願が「衍聖公」の爵位を受け、それが子孫に世襲されていったことから、孔府の正式名称を衍聖公府という。春秋時代から2500年連綿と続く、中国史上、類を見ない伝統と格式をもち、「天下第一家」と称される。孔子没後、孔子の子孫は代々の襲封宅（詩礼堂あたり）に暮らし、石碑が2本立っていたことから「石碑の家」と呼ばれたが、宋の仁宗（在位1022〜63年）時代に新たに邸宅を建て、その後、移転し、明代の1377年に現在の場所

CHINA
山東省

に孔府が遷され、1503年に拡張された。孔家は中国歴代王朝からの保護を受けて、莫大な財産をもち、「衍聖公（孔子の子孫）」が居住したほか、孔廟での祭祀を行ない、執務をとった（曲阜にいくつもの孔府があり、孔府の荘園内には屯集と呼ばれる市がたった）。清代の最盛期には闕里賓舎をふくめ、孔家は百万畝の土地を有していたという。

2500年続く孔子家

夏殷周以来、隋、唐、宋、元、明、清と王朝が次々と替わっていった中国にあって、孔家は2500年のあいだ途絶えることなく、

Qufu 孔府鑑賞案内

連綿と続き、孔子の「孔」から一文字をとって名前がつけられた。紀元前195年、漢の高祖（劉邦）が、孔子第9代の孔騰を「奉祀君」に封じたのをはじめ、漢代に第16代孔均を「褒成侯」に封じ、唐代には孔子子孫は「文宣公」と呼ばれた。1055年、宋の仁宗は、第46代孔宗願を「衍聖公」に封じたことから、以後、孔家は衍聖公という爵位を受け継いでいった（また北宋の1078〜85年に孔子家の家系図がはじめてつくられた）。衍聖公の爵位は中華民国時代の1935年に廃止され、1937年に日中戦争がはじまると、第77代当主の孔徳成は、蒋介石とともに重慶に逃れ、共産党政権が成立すると台湾に

【地図】孔府

【地図】孔府の [★★★]
- [ ] 孔府 孔府コォンフウ
- [ ] 孔廟 孔庙コォンミィアオ

【地図】孔府の [★★☆]
- [ ] 重光門 重光门チョングゥアンメン
- [ ] 大堂 大堂ダアタァン

【地図】孔府の [★☆☆]
- [ ] 孔府大門 孔府大门ォンフウダアメン
- [ ] 前上房 前上房チィエンシャンファン
- [ ] 堂楼 堂楼タァンロウ
- [ ] 後花園 后花园ホウフゥアユュエン

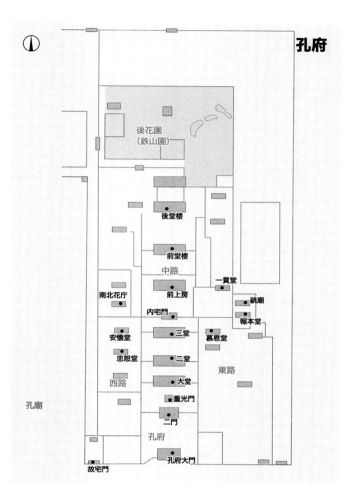

孔府鑑賞案内

CHINA
山東省

渡った。曲阜には孔姓を名乗るものが多いが、孔子一族と家譜で関係しているのは六十宗戸で、これらを内孔、それ以外の孔氏を外孔と呼んでいる。

孔府の生活

孔子の子孫たちが暮らした孔府での生活は、皇帝たちが住む紫禁城（故宮）にもくらべられた。孔府は兵力をもち、曲阜、泗水などの5つの県で流通する紙幣の発行をしたり、犯罪者をさばく自治権を有していた。皇帝や賓客を接待するため、最高の料理人、最高級の調度品を擁し、孔府では数百人の召

▲左　「聖府」という扁額のかかる孔府大門。　▲右　特別なときのみ門が開かれた重光門

使いが仕え、また彼らのほとんどが世襲制で代々お勤めをした。内宅門より奥側が、一般の人の入ることのできない大奥で、衍聖公の長男はこの孔府を継ぐが、弟たちは孔府外の曲阜十二府で暮らすことになっていた。

孔府の構成

孔府は中国伝統の宮殿様式をもち、中央の軸線（中路）を中心に東西二路をあわせて三路からなる。中路には衍聖公の執務室や役所があり、「孔府大門」から「重光門」「大堂」「二堂」「三堂」「前上房」「前堂楼」「後堂楼」と四合院様式が続く前

CHINA
山東省

後9進院落となっている(前方で衍聖公が謁見や執務を行ない、後方で孔家が実際に暮らしていた)。東路(東学)には「報本堂」「祧廟」「一貫堂」「慕恩堂」があり、家廟や祠堂、親戚縁者や召使の住まい、西路(西学)は衍聖公が客をもてなしたり、読書したり、詩を描いたところで、「忠恕堂」「安懐堂」「南北花庁」が位置する。これら明清時代の楼堂、房間(463間)が連なり、「内宅門」から奥は一般の人は立ち入りできず、最奥部には中国式庭園の「後花園」が残る。明に北斗七星(7つの高楼)、暗に八卦という風水上の考慮もされている。

孔府大門 孔府大门
kǒng fǔ dà mén コォンフウダアメン ［★☆☆］

孔府の正門にあたり、「聖府」（衍聖公府）という扁額が見える孔府大門。明代なかごろに建てられ、前方両側に石獣を配し、黒の屋根瓦を載せる。

重光門 重光门 **chóng guāng mén** チョングゥアンメン［★★☆］

両側に壁のない高さ 5.95m の重光門。明代の 1503 年に建てられた。この門は通常、閉じられていて、孔府の儀式や皇帝の巡幸の際にのみ開けられた。

CHINA
山東省

大堂 大堂 dà táng ダアタァン ［★★☆］

孔府の中心建築で、孔府で使われていた調度品や文房四宝が安置されている大堂。衍聖公がここで聖旨を人びとの前で読みあげたり、執務をとるなど、公式な式典、儀式や官吏への謁見が行なわれた。大堂の背後には二堂、三堂が続く。

前上房 前上房 qián shàng fáng チィエンシャンファン［★☆☆］

内宅門から奥が孔家の居住した空間で、前上房はその最初の建物。明代に建てられ、孔家の宴、婚礼などが行なわれた。美しい家具や調度品がおかれている。

▲左　衍聖公が執務をとった孔府大堂。　▲右　見事な奇石がおかれていた

堂楼 堂楼 táng lóu タァンロウ ［★☆☆］

衍聖公とその子孫、夫人たちが実際に暮らした堂楼。前堂楼と後堂楼と、それぞれの東楼、西楼からなる。孔府で使われた調度品や孔府が収集した書画がならぶ。

後花園 后花园 hòu huā yuán ホウフゥアユゥエン ［★☆☆］

孔府の最奥部に位置する中国式庭園の後花園。明代の1503年に整備され、池の周囲に樹木や奇石を配置する。その後、清朝の乾隆帝の娘と孔府のあいだで縁組が行なわれたとき、中国全土からめずらしい樹木や花、草がここに遷された。清

CHINA
山東省

代、鉄鉱石がおかれていたことから、鉄山園とも呼ぶ。

中国皇帝と衍聖公

王朝交代の続いた中国では、歴代皇帝が孔家を保護し、自らと孔家を関連づけることで中華に君臨する正当性を天下にしめした。とくに漢族を統治した北方民族の金、元、清などが積極的に孔廟の増改築を行なっていることが注目され、曲阜の祭祀によって社会の秩序がたもたれるといった面もあった。明清時代、衍聖公が皇宮内の御道を皇帝とならんで歩くこと、故宮内で騎乗することが認められ、また皇帝が曲阜に

Qufu

孔府鑑賞案内

巡幸したとき孔子に三跪九叩の礼をすることになっていた（衍聖公は、翰林院五経博士でもあった孟子、顔回、曾子らの子孫を引き連れて、北京に上京したという）。とくに清朝の第6代乾隆帝は9度にわたって曲阜を訪れ、1772年、娘の公主を第72代孔憲培に嫁がせた。その嫁入り道具を運ぶのに3か月を要したといい、朝廷と孔府は血縁関係となった。

春秋魯国と孔子の生涯

1有5にして学に志し、30にして立ち、40にして惑わず
50にして天命を知り、60にして耳順う、70にして糊をたてず
『史記（孔子世家）』と『論語』が孔子の生涯を伝える

少年〜青年時代（〜30歳）

周王室の威光が落ちていき、各地の諸侯が力をもつようになる春秋時代に、孔子（紀元前551〜前479年）は生きた。孔子の先祖は、殷の遺民による国、宋（河南省商邱）の人で、そこから魯に移住してきた。魯国でしばしば戦功をあげた叔梁紇を父に、祈祷師であった徴在を母に、孔子は曲阜南東の尼山魯源村で生まれた。孔子は3歳のときに父を失ったため、母親とともに魯の都（曲阜）に移住してきて、貧困と苦難のなか育った（宋国人の母は祈祷や葬儀などを行なっていて、殷以来の伝統が儒教に受け継がれたともいう）。孔子は成人

CHINA
山東省

すると、季氏に仕えて穀物の倉庫係、牧畜係になり、それほど社会的地位は高い職業ではなかったが、公平な仕事で成果をあげたという。19歳のとき、孔子は开官氏と結婚し、2m近い身長であったことから、長人と呼ばれていた。おもに独学で学問にはげみ、「十有五にして学に志す」と述懐している。

政治への参加、そして斉へ（30〜37歳）

「三十にして立つ」。学問を続けた孔子は、魯国の政治へ参加し、隣国斉の景公が晏嬰とともに魯を訪れたとき、30歳の孔子と門答を交わしている。また孔子はこのころから礼を弟

Qufu 春秋魯国と孔子の生涯

子たちに教え、教育者としての一面を見せるようになった。魯国は「周王朝建国の功労者」周公が封じられた由緒ある国であったが、孔子の生きた時代、魯国の政治は臣下の大夫に遷り、孟孫氏、叔孫氏、季孫氏の三桓が権力をにぎっていた。そんなおり、闘鶏が発端となって魯の昭公は三桓氏と衝突し、これに敗れて隣国の斉へ逃れることになった。このとき孔子も魯の昭公を追って斉の都臨淄に亡命し、ここで音楽の韶を聴いて感動し、「3か月肉の味がわからなかった」ほどだった。孔子は斉国では士官に失敗し、斉にいたのは2年に満たなかったという。

CHINA
山東省

魯の時代（37〜55歳）

「四十にして惑わず、五十にして天命を知る」。魯の定公が即位すると、37歳になった孔子は魯に戻り、学問と教育にはげんだ。孔子は51歳のとき、魯の中都（汶上）の宰に抜擢され、年長者をたてる政治、また斉との和平会議などの外交交渉で成果をあげた。そして54歳のとき、魯の大司寇となり、大夫三桓氏の力を弱めるため、三都の城壁を壊す措置をとったが、成功しなかった。この時代、子路、子貢、顔回といった孔子の高弟たちが入門していて、孔子は最初に私立学校をつくった教育者でもあった。

▲左　大成門、柱をのぼっていく龍がここでも見られる。　▲右　儒教の聖地として曲阜には多くの人が訪れる

諸国亡命時代（55〜69歳）

「六十にして耳順う」。隣国の斉は対立する魯国に美女を送りこむと、魯の君臣ともにこれに夢中になり、政治を顧みなかった。魯国の状態に失望した孔子は、55歳で魯を離れ、ここから14年に渡って亡命生活を送ることになった。孔子は曹、衛、宋、鄭、陳、蔡、楚の諸国を遊歴し、徳や礼を重んじた周初の制度を掲げ、自らの理想の政治「徳治主義」を実現できる場所を探したが、いずれも採用されず、飢えや生命の危険にあうほどだった（このときの亡命生活は、子貢が経済的に支えたという）。こうしたなか、魯国では定公がなくなり、

CHINA
山東省

子の哀公が即位して、孔子は故郷に戻ることになった。

晩年時代（69〜73歳）

「七十にして心の欲する所に従えども矩を踰えず」。14年の亡命生活をへて魯に戻ってきた69歳の孔子は、仕官せず、学問にはげみ、古代文献の編纂をした。魯の年代記を孔子がまとめたものが『春秋』で、春秋時代という名称はここからとられている。また曲阜の講学の館で弟子たちの教育にあたり、子夏、子游、子張、曾子などが孔子に学び、この晩年の弟子たちによって儒教の教えが後世に伝えられていくことに

Qufu 春秋魯国と孔子の生涯

なった。73歳でなくなった孔子は、曲阜北の泗水のほとりにほうむられ、弟子たちは3年のあいだ喪に服した。孔子の墓には、弟子たちが植えた木が茂り、孔林と呼ばれた。長い亡命生活と、春秋戦国の世にそぐわない徳治主義は、孔子の生きているあいだ充分な評価は得られなかったが、漢（紀元前202〜220年）代、儒教は中国の国教となり、以来、2000年にわたって歴代王朝に保護された。

Guide,
Qu Fu Jiu Cheng
曲阜旧城
城市案内

現在の曲阜旧城は明代に造営された
儒教の聖域である孔廟大成殿より高い建物を
建てることは制限されているという

闕里街 阙里街 quē lǐ jiē チュエリイジエ［★★☆］

孔廟の東側を南北に走る路地の闕里街。孔子（紀元前551～前479年）の一家が闕里の北はずれに住み、弟子たちに教えていたことから、「孔子故里」として知られる（顔淵の父は孔子より6歳若いが、闕里での最初の門人のひとりだった）。孔子の生きた時代、ここ闕里は魯国の街はずれの小さな通りに過ぎなかった。孔子の死後、4世紀の西晋の乱でこのあたりは破壊をこうむり、その後、整備された。石だたみの路地の両側にはずらりと露店がならぶ。

CHINA
山東省

闕里坊 阙里坊 quē lǐ fāng チュエリイファン［★☆☆］

闕里坊は、曲阜に現存する最古の木造の牌坊で、「闕里」の二文字が見える。元代の創建で、その後、明代1504年の重修はじめ、明清時代にいくどか改修された。4柱、3間の木製の門となっている。

鐘楼 钟楼 zhōng lóu チョンロウ［★☆☆］

闕里街におおいかぶさるように立つ鐘楼。鼓楼とともに街にときを告げてきた鐘がおかれ、二層、緑の屋根瓦でふかれている。

▲左　露店がずらりとならぶ闕里。　▲右　曲阜の路地、春秋時代の魯国では街はずれにあたった

受け継がれてきた孔府料理（孔府宴）

中国八大料理のひとつ山東料理は、魯菜と呼ばれて、北京料理はこの魯菜をもとにする。山東料理のなかでも孔府（孔府料理）は、宮廷料理の伝統を受け継ぎ、訪れた皇帝をその味でもてなした。孔府の厨房には196種類の料理があると言われ、フカヒレ、燕の巣や熊の手といった食材の豊富さ、調理技術の高さ、盛りつけや食材の美しさなどが知られる。家宴、喜宴、寿宴（孔府三大宴）といった宴会料理は、ナマコ、フカヒレ、アヒルをメイン料理とし、4皿の前菜、4皿のあつもの、ご飯のおかず4皿、お菓子、果物と一卓に40品前後

【地図】曲阜旧城

【地図】曲阜旧城の［★★★］
- ☐ 万仞宮壁 万仞宫墙 ワァンレェンゴォンチィアン
- ☐ 孔廟 孔庙 コォンミィアオ
- ☐ 大成殿 大成殿 ダアチャアンディエン
- ☐ 孔府 孔府 コォンフウ

【地図】曲阜旧城の［★★☆］
- ☐ 曲阜旧城 曲阜旧城 チュウフウジィウチャアン
- ☐ 顔廟 颜庙 イェンミィアオ

【地図】曲阜旧城の［★☆☆］
- ☐ 闕里坊 阙里坊 チュエリイファン
- ☐ 鐘楼 钟楼 チョンロウ
- ☐ 五馬祠街 五马祠街 ウウマアツウジエ
- ☐ 鼓楼 鼓楼 グウロウ
- ☐ 鼓楼北街 鼓楼北街 グウロウベイジエ
- ☐ 陋巷 陋巷 ロウシィアン
- ☐ 顔府 颜府 イェンフウ
- ☐ 延恩門 延恩门 イェンアンメン
- ☐ 西関清真寺 西关清真寺 シイグゥアンチィンチェンスウ
- ☐ 古泮池 古泮池 グウパァンチイ
- ☐ 孔子研究院 孔子研究院 コォンツウユェンジィウユゥエン

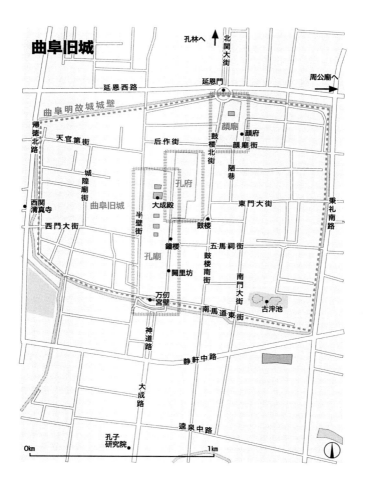

CHINA
山東省

の料理が出る。高級食材の「燕の巣」を使い、料理のうえにそれぞれの文字を乗せる「燕窩四大件（燕窩万字金銀鴨塊、燕窩寿字紅白鴨絲、燕窩無字三鮮鴨絲、燕窩彊字口蘑肥鶏)」、8種類の材料を仙人に見立て、アワビ、ナマコなどの海鮮と鳥の胸肉をあわせた「八仙過海閙羅漢」、卵、鶏肉、野菜をあわせた「陽関三畳」などが孔府料理の代表格で、詩礼堂の前に立つ銀杏からつくった「詩礼銀杏」、後花園でとれるナズナやワスレグサなどの野菜、孔林でとれる野菜の山芋などを使う家庭料理もあった。

【MEMO】

CHINA
山東省

闕里賓舎 阙里宾舍
quē lǐ bīn shě チュエリイビィンシェエ [★☆☆]

孔廟と孔府に隣接して立つホテルの闕里賓舎。もとは孔府の敷地だったところで、「喜房」と呼ばれていた。闕里賓舎はそこを新たに改装して1986年に開業した。黒の屋根瓦、白の壁の曲阜の伝統的な建築様式をもち、書画や彫刻がおかれている。孔府で出されていた喜宴、寿宴、家宴という孔府三大宴を伝え、曲阜を訪れる要人たちが宿泊する。

▲左　曲阜旧城の中心に立つ鼓楼。　▲右　孔子最愛の弟子である顔回をまつる顔廟

五馬祠街 五马祠街 wǔ mǎ cí jiē ウウマアツウジエ ［★☆☆］

鐘楼街から東に伸びる路地の五馬祠街。曲阜の明清時代を思わせるたたずまいの建物群に、ずらりと店舗が入居する。入口には牌楼が立つ。

鼓楼 鼓楼 gǔ lóu グウロウ ［★☆☆］

曲阜旧城の中央に立ち、太鼓をたたいて街にときを知らせていた鼓楼。明代の弘治年間（1488～1505年）に建てられた。下部の城壁部分に二層の楼閣が載り、高さ16.1m、南北長さ25.4m、東西幅11.8mになる。

CHINA
山東省

鼓楼北街 鼓楼北街 gǔ lóu běi jiē グウロウベイジエ［★☆☆］
鼓楼南街から続く鼓楼北街は、曲阜の街を南北につらぬく大動脈。あたりには商業店舗が軒を連ね、白の漆喰壁と黒の屋根瓦をもつ統一された景観が続く。

陋巷 陋巷 lòu xiàng ロウシィアン［★☆☆］
陋巷（ろうこう）は孔子第一の弟子である顔回（紀元前514～前483年）が住んだ路地。狭く、貧民の住むところで、顔回はここでわずかの食べもの、飲みもので貧しい生活をしながら、書を読み、学問にはげんだ。顔回が実際に暮らした陋

巷は顔廟の場所だとされる一方、その前を南北に走る通りの名前としても残っている。1594年に建てられた石の陋巷坊がたつほか、この通りには孔子の子孫が暮らす十二府があった。

顔廟 颜庙 yán miào イェンミィアオ［★★☆］
顔回が住んだ陋巷に、孔子の弟子の顔回（紀元前514～前483年）をまつる顔廟が残る。顔回は孔子がもっとも愛した弟子で、孔子よりも先になくなり、孔子はその死を誰よりも嘆いた。金代、顔廟は魯国故城の東北隅にあったとされ、当

CHINA
山東省

時は小さな規模で、元代の1326年にこの場所に遷されて再建された（1330年に元の文宗が顔回を「兗国復聖公」と追封したことから復聖廟ともいう）。その後、明代の1594年に改修されて現在の規模となり、清代いくどか修築されて、現在は緑色の屋根瓦を載せるたたずまいを見せる。松や柏、檜などの古樹が茂るなか、伽藍が続き、顔回のほか、顔子推、顔師古、顔真卿らの顔氏らもまつってある。

顔回とは

「弟子のなかで誰が学問が好きですか？」という魯の哀公の

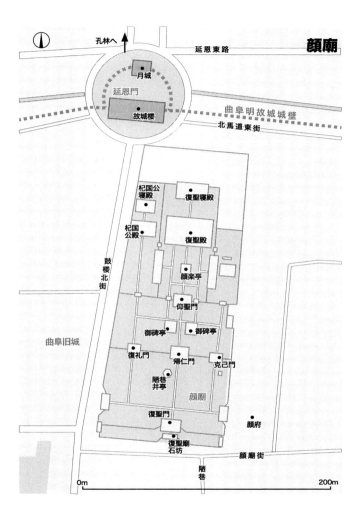

CHINA
山東省

問いに、孔子は「顔回」と答えている。曲阜生まれの顔回（紀元前514〜前483年）はその父親とともに孔子の弟子となり、仕官せず、陋巷で、食べるものに困るほどの貧しい生活を送りながら、学問にはげんだ。現世的な成功ではなく、精神的な自由を獲得した顔回の陋巷での生活は、のちに有徳の隠者の姿として理想化された。顔回は29歳にして白髪だったと言われ、孔子より早く30歳でなくなり、孔子は顔回の死を前にしてとり乱したほどだった。顔回は、628年、唐の太宗から「先師」、玄宗から「兗国公」、1330年、元の文宗から「兗国復聖公」に封じられている。

顔廟の構成

顔廟は孔廟と同じく、前後5進の伝統的な中国宮殿建築の様式をもつ。「復聖廟石坊」の背後に正門の「復聖門」、顔回が日常生活で使ったという「陋巷井亭」、東西の壁の中央に立つ「帰仁門」と続く。帰仁門の東西にはそれぞれ明の正統帝と正徳帝による「御碑亭」が立ち、本殿への入口となる「仰聖門」のなかには、顔回が琴をならして遊んだという「顔楽亭」、顔回の塑像を安置する顔廟本殿の「復聖殿」、その背後に「復聖寝殿」が位置する。また東西路には顔回の父の顔路をまつる「杞国公殿」と、母の羌氏をまつる「杞国公寝殿」

CHINA
山東省

が見えるほか、顔廟には顔氏一族がまつられていて、そのなかに書家として名高い第45代顔真卿がいる。また顔廟の敷地内には、「大元勅賜先師兗国復聖公新廟碑」「大元加封顔子父母制詞碑」をはじめとする60あまりの石碑も立つ。

顔府 颜府 yán fǔ イェンフウ ［★☆☆］
顔廟の東側に立つ顔回の子孫たちが暮らした顔府（孔廟＝孔府と同様の構造をもつ）。顔回の子孫たちは翰林院の五経博士に任じられたため、顔翰博府ともいう。明代の1463年に建てられ、四合院が奥に連なる様式となっている。

▲左　曲阜旧城北門の延恩門。　▲右　鮮やかな緑、空の青に紅の周壁が映える

延恩門 延恩门 yán ēn mén イェンアンメン ［★☆☆］

延恩門は曲阜旧城の北門で、明代の 1522 年に建てられた。故城楼と半円状の月城からなり、東西には明代の城壁が続く。上部に楼閣が載る堂々とした故城楼の南面に「延恩門」、北側の月城に「仰聖門」とあるのは、乾隆帝が曲阜南門の扁額を「万仞宮壁」としたため、「仰聖門」の扁額がこちらに遷されたことによる。北にまっすぐ道が伸び、孔林にいたる。

CHINA
山東省

西関清真寺 西关清真寺 xī guān qīng zhēn sì
シイグゥアンチィンチェンスウ ［★☆☆］

イスラム教徒の回族が礼拝に訪れる西関清真寺（モスク）。明代に建てられたのち、清朝雍正帝時代に回族の移住者が西関に集まるようになり、さらに清朝末期に済寧などから回族の人たちが移住してきた。白壁に緑色のドーム屋根を載せる。

古泮池 古泮池 gǔ pàn chí グウパァンチイ ［★☆☆］
曲阜旧城の南東隅、古く魯国時代に泮宮、泮林があったと伝えられる場所に残る古泮池。泮宮のそばで、劉邦（高祖）は儒家の話を聴くなど、古代儒教の聖地、曲阜を代表する景勝地でもあった。明代、第61代孔宏緒がここに別荘を建て、南溪と名づけたほか、1756年、清の乾隆帝は曲阜を訪れたとき、古泮池に行宮をおいた。近代に入って、キリスト教宣教師が古泮池に教会を建てようとしたが、衍聖公第76代がそれに対抗して文昌祠をつくったという。

Guide,
Kong Lin Wai Bu
孔林外域
城市案内

紀元前479年になくなった孔子は
曲阜の北を流れる泗水のほとりに葬られた
孔子とその一族が眠る孔林

神道 神道 shén dào シェンダァオ ［★☆☆］
明代に造営された曲阜の街は、万仞宮壁、孔廟から街の北の孔林へいたる南北の軸線が見られる。曲阜北門の「延恩門」から北に北関大街が伸び、柏並木が孔林入口の「至誠林坊」まで続く。これが長さ1266mの孔林の神道（参道）で、曲阜と孔林の中間地点に「万古長春坊」が立つ。孔林の外域にあたり、かつては「節孝坊」「文津橋」も見られたが、文革で破壊をこうむった。

【地図】孔林外域

【地図】孔林外域の [★★★]
- [ ] 孔林 孔林 コォンリィン

【地図】孔林外域の [★★☆]
- [ ] 孔子墓 孔子墓 コォンツウムウ
- [ ] 万古長春坊 万古长春坊 ワァングウチャンチュンファン
- [ ] 曲阜旧城 曲阜旧城 チュウフウジィウチャアン
- [ ] 顔廟 颜庙 イェンミィアオ

【地図】孔林外域の [★☆☆]
- [ ] 延恩門 延恩门 イェンアンメン
- [ ] 神道 神道 シェンダァオ
- [ ] 至聖林坊 至圣林坊 チイシェンリィンファン
- [ ] 林前村 林前村 リィンチィエンチュン
- [ ] 洙水橋 洙水桥 チュウシュイチャオ

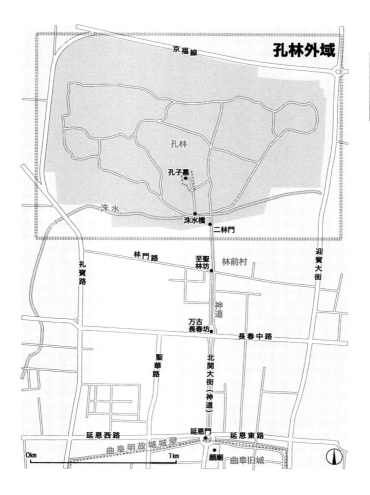

CHINA
山東省

万古長春坊 万古长春坊 wàn gǔ cháng chūn fāng
ワァングウチャンチュンファン [★★☆]

曲阜旧城と孔林を結ぶ神道のちょうど中間に立つ万古長春坊。明代の 1594 年、山東巡按の連標と山東巡撫の鄭汝壁によって建てられたもので、曲阜に残る最大の牌坊となっている。五間の石坊は精緻な彫刻がほどこされ、朱文字で「万古長春」の文言が見える。万古長春坊の両側に緑の屋根瓦をもつ小ぶりな二層の亭が配されている。

▲左　神道上に立つ万古長春坊と亭。　▲右　至聖林坊、ここが孔林の入口

至聖林坊 至圣林坊 zhì shèng lín fāng
チイシェンリィンファン［★☆☆］

孔林のちょうど入口に立つ至聖林坊。明の永楽帝時代の1422年に建てられた牌坊で、この坊をもともと宣聖林と呼んだ。4柱3間からなり、緑の屋根瓦、極彩色で彩られている。門前には1634年につくられた一対の石獣が見られる。

CHINA
山東省

林前村 林前村 lín qián cūn リィンチィエンチュン [★☆☆]
孔子林のすぐそば、至誠林坊の立つ一帯の村は、林前村という。紀元前479年に孔子がなくなったとき、弟子たちは3年間、喪に服した。その後、弟子たちは各地に去っていったが、数十人は孔子の墓のそばにとどまることを決め、ほかに孔子をしたう魯の人たちもこの地にやってきて、100戸あまりの村になった。これを林前村（孔林前の村）、または孔前村、孔里と呼ぶ。孔子の死後も、魯の国では毎年、孔子の墓をまつるならわしが続けられた。

Guide, Kong Lin
孔林 鑑賞案内

曲阜の北 1.5 ㎞に位置する孔家の墓群
ひとつの家族の墓地として 2500 年という
世界最長の持続、また世界最大の墓群でもある

孔林 孔林 kǒng lín コォンリィン ［★★★］

紀元前 479 年、孔子の亡骸は曲阜の街はずれ、泗水のほとりに埋葬された。孔林は、孔子の弟子たちが孔子の墓の周囲におのおのの故郷の樹木を植えたことをはじまりとする（中国では、皇帝の墓を「陵」、聖人の墓を「林」、大臣の墓を「塚」、庶民の墓を「墓」という）。当初、孔子の墓は土をもって祠があるばかりだったが、後漢の 155 年、桓帝はこの墓を改修し、墓前に神門を建てた。北魏の 442 年、墓地を守る役人がおかれ、495 年、孝文帝は墓地を整備、というように時代がくだるに連れて歴代王朝によって増改築され、敷地が広がっ

CHINA
山東省

ていった。1332年に孔林の壁が造営され、1634年、清の康熙帝が孔林を訪れたときに、孔林の拡張が許諾され、200ヘクタールの現在の規模になった。これらの林地のなかに、孔子の歴代衍聖公の嫡系、また傍系の孔家の人たちがまつられ、10万もの墓からなる巨大な孔家の墓群を形成する。孔林には、楷、柏、檜、松など、10万本の樹木が生い茂っていて、「至聖林」の名でも知られる。

孔林の構成

「至誠林坊」を過ぎると、1332年建立の「大林門」が現れ、

Qufu 孔林鑑賞案内

 ここからが孔林の敷地内になる。続いて1331年に建てられた「二林門」が位置し、このあたりに魯国故城の北門（龍門）があったという。二林門を過ぎて西に折れると、「洙水橋」にいたり、その下を洙河が流れ、馬碑も見える。この洙水橋の奥が孔林内域になり、「享殿門」から「享殿」までのあいだには、華表、石虎、石麟、文官と武官の石像が立つ。享殿の奥に、「子貢の手植えの楷の木」があり、奥に向かって清の乾隆帝の「駐蹕亭」、清の康熙帝の「駐蹕亭」、宋の真宗の「駐蹕亭」と続く。この西側に孔子の墓があり、そのそばに「子貢盧墓処」、また2世孔鯉（伯魚）、3世孔伋（子思）の墓が

【地図】孔林

【地図】孔林の [★★★]
- [ ] 孔林 孔林コォンリィン

【地図】孔林の [★★☆]
- [ ] 孔子墓 孔子墓コォンツウムウ

【地図】孔林の [★☆☆]
- [ ] 洙水橋 洙水桥チュウシュイチャオ
- [ ] 享殿 享殿シィアンディエン
- [ ] 子貢盧墓処 子贡卢墓处ツウゴォンルウムウチュウ

Qufu 孔林鑑賞案内

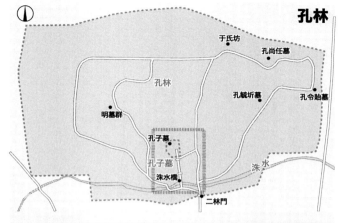

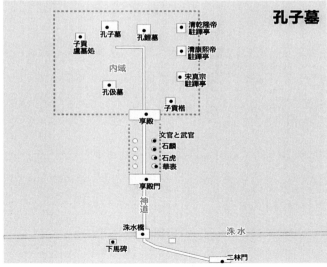

ある。孔子墓を中心に孔林をぐるりとめぐるように環状路が走り、さらにその周囲には高さ3～4mの壁が7kmにわたって続く（孔林の壁は、1332年に造営されたのち拡張された）。

洙水橋 洙水桥 zhū shuǐ qiáo チュウシュイチャオ ［★☆☆］
周代の人工河川である洙水にかかる洙水橋。橋の前には、牌楼（洙水橋坊）が立ち、ここから孔子墓の中軸線がはじまる。洙水橋の橋幅は6.6mで、長さは25.24mになる。

▲左　洙水橋から奥が孔林の聖域。　▲右　その後の中国に多大な影響をあたえた孔子がここに眠る、孔子墓

享殿　享殿 xiǎng diàn　シィアンディエン　[★☆☆]

孔林の墓門にあたる享殿門の奥に立つ享殿（享殿門は後漢の桓帝による）。明代の1494年の建立で、なかに孔子の位牌をまつる聖堂となってる。その後いくども改修され、1731年に黄瑠璃瓦でふかれた。

孔子墓　孔子墓 kǒng zǐ mù　コォンツウムウ　[★★☆]

紀元前479年、曲阜の北はずれを流れる泗水のほとりにほうむられた孔子（紀元前551〜前479年）。この孔子墓を中心に孔林が整備されていき、孔子墓は高さ5m、直径12mの土

CHINA
山東省

がもられた状態で、地中に聖棺が埋葬されている。孔子死後、その弟子たちがひとり一杯ずつ土をもっていき、それぞれの故郷の樹木を孔子墓のそばに植えていったという。墓前には明代の1443年に建てられた「大成至聖文宣王墓」という文言が刻まれた石碑が立つ（宋の真宗のとき、孔子は「至誠文宣王」に封じられた）。東5mに子の孔鯉（伯魚）、南20mに孫の孔伋（子思）の墓も残る。孔子に男の子が生まれたとき、魯候に鯉を送ってお祝いしてもらったことから、その名を孔鯉、あざなを伯魚としたという。

子貢盧墓処 子贡卢墓处
zǐ gòng lú mù chǔ ツウゴォンルウムウチュウ［★☆☆］

孔子死後、弟子たちは3年のあいだ喪に服したが、子貢はそこからさらに3年間、あわせて6年、喪に服した（子貢は弁舌と商売に長けた弟子）。子貢盧墓処はそのとき子貢が孔子墓のそばにつくった盧とされる。明代の1523年、子貢盧墓処の碑が建てられた。

CHINA
山東省

孔子の弟子たち

「孔子(紀元前551～前479年)」には3000人の門下がいたと言われ、そのうち六芸を身につけていたのは72人、そしてその代表格が孔子十哲。徳行に優れた「顔回」、言語に優れた「子貢」、政治に優れた「子有」と「子路」、文学に優れた「子游」と「子夏」らがそれで、孔門の十哲とも呼ばれる(孔子20代のころからの古い弟子、孔子が30を超えてからの後進の弟子がいるが、後進の弟子が孔子の偉業を後世に伝えた)。またのちの世では、孔子の孫の子思に学んだという「孟子(紀元前372年ごろ～前289年ごろ)」、孟子のとなえた性

Qufu 孔林鑑賞案内

▲左　洙水は古代の人工運河だという。　▲右　これほど大きく、これほど長期間持続する墓は世界でも類を見ない

善説に対して、性悪説を唱え、儒学を発展させた「荀子（紀元前298〜前238年ごろ）」らの儒家が輩出された。荀子の弟子にあたる韓非子と李斯は、紀元前221年に中華を統一する始皇帝に影響をあたえた。

儒家と諸子百家

春秋時代の魯に生きた孔子は、広く弟子を集めて中国最初の学派「儒家」を形成した。冠婚葬祭や形式を重視する儒家に対して、守城、防御の術に優れた墨子による「墨家」がその対抗勢力となった。墨子は孔子と同じ魯国人で、手工業者、

CHINA
山東省

農民、都市自由民を支持基盤とし、墨子の死後、墨家は約2世紀にわたって活動を続けた。これら儒家、墨家にくわえ、南方に生まれ無為自然を説いた「道家」、また法治主義を唱えた「法家」などが戦国時代の斉の都臨淄の稷門に集まり、自由な考えを述べて百花繚乱の様相をていした。これらさまざまの思想や主張を行なった人たちを諸子百家と呼ぶ。

Guide, Zhou Gong Miao
周公廟鑑賞案内

CHINA
山東省

孔子が理想とした西周の治世
周公はその西周建国の功労者であり
魯に封建された魯国の祖でもある

周公廟 周公庙
zhōu gōng miào チョウグォンミィアオ ［★★☆］

兄の武王を助けて殷を滅ぼし、幼少の成王をたすけて周建国に貢献した周公。この周公がまつられた周公廟は、春秋戦国時代の魯国のちょうど中心に位置し、あたりには魯国の宮廷や宗廟があった（春秋戦国時代の魯国は、現在の曲阜旧城の7倍もの広さを誇った）。もともとこの地には魯の太廟があり、周公をはじめとする祖先の位牌がまつられていたが、紀元前249年、楚が魯を破ったときに、破壊された。時代はくだって北宋の1008年、真宗は太廟跡に周公廟を建てて、周

Qufu 周公廟鑑賞案内

公をまつった。その後、元明清時代を通じていくども再建されて現在にいたる。

孔子の思慕した周公

周公は周の文王の第4子で、紀元前11世紀の殷周革命をなしとげた武王の弟にあたる。周は自らの一族や実力者を中国各地に封建してその土地をおさめさせる封建制度をとった。周公は魯（曲阜）に封建されたが、実際には行かず、鎬京（西安）にとどまり、武王死後、幼い成王の摂政として礼楽をさだめ、周王朝の礎を築いた（魯に実際、派遣されたのは周公

【地図】周公廟

【地図】周公廟の［★★★］
- [ ] 万仞宮壁 万仞宮墙ワンレェンゴォンチィアン
- [ ] 孔廟 孔庙コォンミィアオ
- [ ] 大成殿 大成殿ダアチャアンディエン
- [ ] 孔府 孔府コォンフウ
- [ ] 孔林 孔林コォンリィン

【地図】周公廟の［★★☆］
- [ ] 周公廟 周公庙チョウグォンミィアオ
- [ ] 曲阜旧城 曲阜旧城チュウフウジィウチャアン
- [ ] 顔廟 颜庙イェンミィアオ
- [ ] 万古長春坊 万古长春坊ワァングウチャンチュンファン

【地図】周公廟の［★☆☆］
- [ ] 魯国故城 鲁国故城ルウグゥオグウチャアン
- [ ] 鐘楼 钟楼チョンロウ
- [ ] 五馬祠街 五马祠街ウウマアツウジエ
- [ ] 鼓楼 鼓楼グウロウ
- [ ] 鼓楼北街 鼓楼北街グウロウベイジエ
- [ ] 延恩門 延恩门イェンアンメン
- [ ] 古泮池 古泮池グウパァンチイ
- [ ] 神道 神道シェンダァオ
- [ ] 至聖林坊 至圣林坊チイシェンリィンファン
- [ ] 林前村 林前村リィンチィエンチュン

周公廟

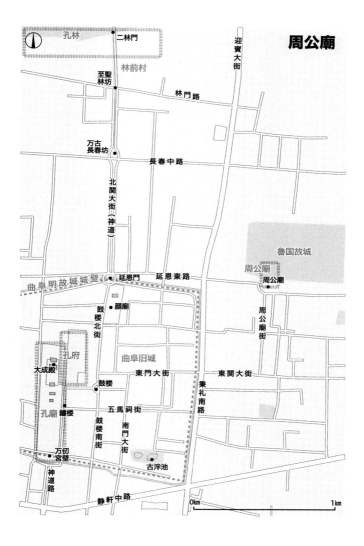

周公廟鑑賞案内

CHINA
山東省

の子の伯禽)。周公が天下を奪うのではないかとも思われたが、周公は7年の摂政の後、政治を成王に返した。この周公を祖とする魯国では、天子のみが行なえる祭祀の挙行が許され、周公の子の伯禽が周の書物や文物を多く曲阜にもってきたため、周の礼楽や伝統が後世にまで伝えられた。春秋時代に生きた孔子は、周公の時代を理想とし、礼楽による徳治主義を唱えた。

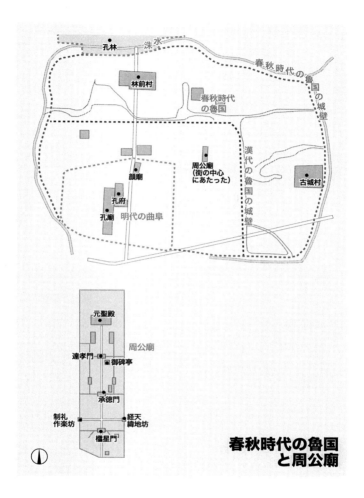

春秋時代の魯国と周公廟

CHINA
山東省

周公廟の構成

緑色の屋根瓦をもつ「欞星門」からなかに入ると門内には、「経天緯地坊」「制礼作楽坊」という東西に石坊が立つ。樹木が鬱蒼としげるなか、「承徳門」「達孝門」と続き、本殿の「元聖殿」にいたる(三進院、奥行き 230m)。元聖殿には高さ 2.6m の周公の塑像が安置されていて、周公の称号「文憲王」にちなんで文憲王廟ともいう。また唐代から清代までに建てられた石碑が立つ。

▲左　春秋戦国時代に曲阜は魯国の都だった、魯国故城。　▲右　孔子が理想とした周建国の立役者、周公が眠る周公廟

魯国故城 魯国故城
lǔ guó gù chéng ルウグゥオグウチャアン ［★☆☆］

魯国故城は西周から春秋戦国時代に魯国があった場所で、東西3.7km、南北2.7kmで、周囲は11.5kmになる（現在の曲阜の7倍の規模）。『周礼考工記』に記述された構造をもち、東、西、北に各3門、南面に2門を配し、東西7本、南北6本の道が走る。魯は隣国の斉とともに、殷の遺民の残る山東に、有力者が派遣された国で、紀元前1045年から、紀元前249年に楚に亡ぼされるまで、25代900年にわたって続いた。その都が曲阜で、泗水地域から北は汶水にかけて勢力を広げ、

CHINA
山東省

原住民の東夷（商奄の民）を統治した。周公廟あたりが魯の宮殿と太廟があった場所で、故城の北部と西部は、金属器、骨角器などの製作所や窯場があった（北西に西周前期、東北に西周晩期、全体的に春秋時代の遺構が出土した）。この遺構は1937年にはじまる日中戦争時代に日本人によって発掘され、現在は魯国故城国家考古遺址公園として整備されている。

霊光殿と漢代の曲阜

漢代、曲阜には魯国があり、紀元前154年、魯王に封建され

Qufu 周公廟鑑賞案内

た魯恭王（劉余）は、周公廟のあった場所に霊光殿を建てたと伝えられる。この霊光殿は、未央宮、建章宮とならび称される漢代最高の宮殿とされ、後漢の王延寿が記した『魯霊光殿賦』にその記録が残っている。天の星座をもとに設計され、赤の柱、白の壁をはじめ、多くの色彩が混じり、楼閣が伸び連なっていた。壮麗、広大で、人を圧倒したという霊光殿は、西安の未央宮が赤眉の乱（18～27年）で破壊されたあともそびえていたという。前漢時代までは魯国故城が使われたが、その後、南西部に漢城が新たに建てられ、東西2500m、南北1500mの城壁をもち、後漢の東海王劉彊が都城とした。

Guide, Qu Fu Nan Fang
曲阜南部城市案内

CHINA
山東省

市街南部は曲阜旧城に対して
曲阜の新市街という趣を見せる
大型テーマパークも位置する

孔子六芸城 孔子六艺城
kǒng zǐ liù yì chéng コォンツウリィウイイチャン [★☆☆]
六芸城は孔子が重んじた六芸をモチーフとした複合的なテーマパーク(文化旅游城)。春秋時代を思わせる宮廷建築や庭園、劇場など、娯楽や美食が体感できる。六芸とは中国の士となるものが体得しなくてはならなかった「礼」「楽」「射」「御」「書」「数」、もしくは孔子の関わった『礼』『楽』『詩経』『書経』『易経』『春秋』の六経という。

曲阜南部城市案内

舞雩台 舞雩台 wǔ yú tái ウウユウタァイ ［★☆☆］

魯国（曲阜）の南郊外に位置する台地の舞雩台。ここは魯国が、天に祈り雨乞いを行なった場所で、その儀式に舞楽をともなったことから舞雩台という。明代の 1566 年に建てられた「聖賢楽趣」の石碑が見える。ここで孔子やその弟子たちが遊び、休息したことが『論語』にも記されている。

孔子研究院 孔子研究院 kǒng zǐ yán jiù yuàn コォンツウユェンジィウユゥエン ［★☆☆］

孔子や『論語』、儒教の文物を収蔵する学術研究機関の孔子

【地図】曲阜南部

【地図】曲阜南部の [★★★]
- ☐ 万仞宮壁 万仞宮墻 ワァンレェンゴォンチィアン
- ☐ 孔廟 孔庙 コォンミィアオ

【地図】曲阜南部の [★★☆]
- ☐ 曲阜旧城 曲阜旧城 チュウフウジィウチャァン

【地図】曲阜南部の [★☆☆]
- ☐ 孔子六芸城 孔子六艺城 コォンツウリィウイイチャン
- ☐ 舞雩台 舞雩台 ウウユウタァイ
- ☐ 孔子研究院 孔子研究院 コォンツウュェンジィウユゥエン
- ☐ 孔子文化園 孔子文化园 コォンツウウェンフゥアユゥエン
- ☐ 曲阜孔子文化会展中心 曲阜孔子文化会展中心 チュウフウコォンツウウェンフゥアフゥイチャンチョンシン
- ☐ 蓼河公園 廖河公园 リィアオハアゴォンユゥエン
- ☐ 古泮池 古泮池 グウパァンチイ

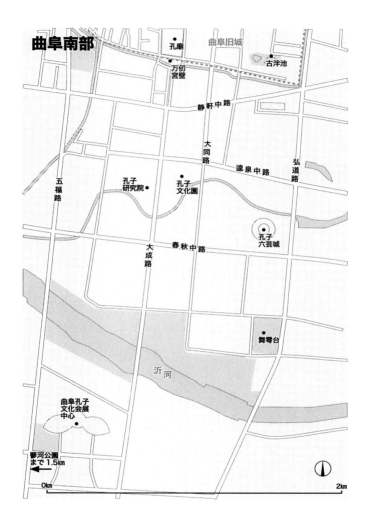

曲阜南部城市案内

CHINA
山東省

研究院。古代中国の宮殿様式の外観をもち、巨大な中庭の北側に高さ30m、四層の主楼が立つ。なかには展覧室があり、器物、塑像、絵画を安置し、孔子の生涯や思想を紹介する。

孔子文化園 孔子文化园 kǒng zǐ wén huà yuán
コォンツウウェンフゥアユゥエン [★☆☆]

孔子とその弟子たちの言行を伝える『論語』をテーマとした孔子文化園。「孔子行教像」が立ち、その背後に竹簡のかたちをした石碑があり、『論語』が刻まれている。また篆書や隷書などさまざまな書体で刻まれた石碑があることから論語

▲左　東から西へと流れる河川は大運河にいたる。　▲右　儒教や孔子の研究を行なう孔子研究院

碑苑とも呼ばれている。

曲阜孔子文化会展中心 曲阜孔子文化会展中心
qū fù kǒng zǐ wén huà huì zhǎn zhōng xīn チュウフウコォンツウウェンフゥアフゥイチャンチョンシン [★☆☆]

曲阜旧城から南2.5km、大沂河ほとりに位置する曲阜孔子文化会展中心。国際会議や曲阜での催しものが行なわれる展示会場で、会議中心、展庁、広場からなる（中央から花びらのように東展庁、西展庁、北展庁が延びる）。2008年に竣工した。

CHINA
山東省

蓼河公園 廖河公园 liào hé gōng yuán
リィアオハアゴォンユゥエン ［★☆☆］

曲阜市街の南部を流れる蓼河のほとりに整備された蓼河公園。礼園、仁園、義園、智園、信園という5つ庭園を中心とし、楼閣や蓼河にかかる橋が見られる。「清明上河図」の世界を表現したとも言われ、曲阜の新たな旅游、文化、教育拠点となっている。

Guide,
Qu Fu Dong Fang
曲阜東部
城市案内

CHINA
山東省

明代以前の曲阜の街があった旧県
また孔子が講学を行なった洙泗書院はじめ
儒教ゆかりの遺跡が残る

泗水 泗水 sì shuǐ スウシュイ ［★☆☆］

泰山近くの蒙山から山東省南西部にいたり、曲阜の北を西に向かって流れる泗水（泗河）。洙水をあわせて済寧、そして山東省と江蘇省との境の微山湖に流入する（元代に大運河に接続した）。曲阜が泗水によって育まれたことから、儒教を「泗水の学」というほか、古代中国では泗水は水路としても重要で、漢の高祖となる劉邦が泗水の亭長出身であったことも知られる。

洙泗書院 洙泗书院
zhū sì shū yuàn チュウスウシュウユゥエン [★☆☆]

曲阜市街の北東4kmに位置する洙泗書院は、晩年に魯の国に戻った孔子が弟子たちに講学したところ。北の泗水、南の洙水からこの名前がつけられ、孔子はここで『詩経』『書経』『易』を編集したと伝えられる。はじめ先聖の講堂といったが、元代の1337年に孔子子孫の孔克欽が新たに洙泗書院を建てた。その後、明の1494年に整備されたのをはじめ、何度も改修されて今にいたる。孔子が教育を行なったという『講堂』、孔子をまつる『大成殿』が位置し、ほかには子思、顔子、孟

【地図】曲阜東部

【地図】曲阜東部の [★★★]
- [ ] 孔廟 孔庙 コォンミィアオ
- [ ] 孔林 孔林 コォンリィン

【地図】曲阜東部の [★★☆]
- [ ] 少昊陵 少昊陵 シャオハァオリィン
- [ ] 周公廟 周公庙 チョウグォンミィアオ
- [ ] 曲阜旧城 曲阜旧城 チュウフウジィウチァアン

【地図】曲阜東部の [★☆☆]
- [ ] 泗水 泗水 スウシュイ
- [ ] 洙泗書院 洙泗书院 チュウスウシュウユゥエン
- [ ] 旧県 旧县 ジィウシィエン
- [ ] 両観台 两观台 リィアングゥアンタァイ
- [ ] 春秋書院 春秋书院 チュンチィウシュウユゥエン
- [ ] 梁公林 梁公林 リィアンゴォンリィン
- [ ] 曲阜孔子文化会展中心 曲阜孔子文化会展中心 チュウフウコォンツウウェンフゥアフゥイチャンチョンシン

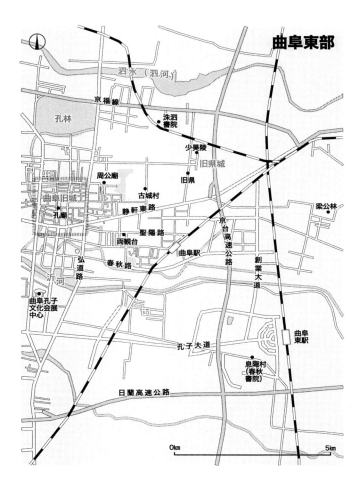

曲阜東部

Qufu 曲阜東部城市案内

子、曾子の像が見られる。

旧県 旧县 jiù xiàn ジィウシィエン ［★☆☆］

曲阜の東3.5 kmに位置し、宋金時代から元明まで曲阜城だった旧県。1012年、宋の真宗が伝説の黄帝を夢に見て、その生誕地の寿丘（魯城の北東）のそばに行政府を遷した。これが仙源県で、孔廟以上の規模だったという佳麗な景霊宮、太極宮などが立ち、周囲は土壁でめぐらされていた。明代の1510年より起こった土匪の劉六・劉七の乱で焼き討ちにあったため（孔子廟にも兵が駐屯した）、1522年に現在の場所に

曲阜東部城市案内 Qufu

新たに曲阜の街が造営された。高さ 16.45m の巨碑（万人愁碑）が立ち、その奥に寿丘と少昊陵が残る。また旧県城の西 1.5 kmに魯の古城壁をつたえる古城村も位置する。

真宗と寿丘、儒教

古代中国の伝説の黄帝は、寿丘に生まれたとされる。暦法、音楽、医薬、文物制度などをつくり、すべての中華民族の祖先と考えられる。この黄帝を夢に見た宋の第 3 代真宗（在位 998 〜 1022 年）は、黄帝と正妃の塑像をまつり、宮殿景霊宮を建て、曲阜の街をここ旧県城に遷した（宮殿は 1251 年

CHINA
山東省

に消失したという)。宋代、皇帝を中心とする儒教体制が目指され、科挙で選ばれた文官が官吏となり、太祖と太宗時代をへて真宗時代にこの文治政治のシステムが完成した。こうしたなか、真宗は1008年、泰山で封禅の儀を行ない、周公廟を建て、曲阜の孔子廟を整備するなど、儒教や泰山など中国の伝統的な価値観を重んじることで、中国全土の統治にあたった。また1004年、漢民族にとって屈辱的な澶淵の盟を北方の遼と結んだことも、中国伝統の価値観(アイデンティティ)を拠りどころとする方へ傾斜した理由にあげられる。

▲左　生い茂る樹木のなか孔子一族の墓が残る。　▲右　曲阜の東部に整備された高速鉄道の曲阜東駅

少昊陵 少昊陵 shǎo hào líng シャオハァオリィン ［★★☆］

少昊は伝説の三皇五帝のひとりで、黄帝の子にあたる。太昊伏羲氏の統治を参考としたため、少昊と名乗り、金徳をもって天下をおさめたので、金天氏とも称する（実際は鳳凰を崇拝していた東夷の首領と考えられている）。都を曲阜に遷し、84年の在位ののち、曲阜の雲陽山にほうむられた。少昊陵は曲阜の東方4kmに位置し、いつ造営されたか定かではないが、北宋の徽宗時代の1111年、1万の石をもってピラミッド状に整備した「畳石寿丘（万石山）」が完成した。底辺28m、高さ15.2mのこの「畳石寿丘」の背後に、土山が盛ら

CHINA
山東省

れた状態の「少昊陵墓」が位置する(また1738年、陵の前に「建宮門」「享殿」などが建てられた)。明清時代、皇帝は3年ごとに官吏を少昊陵に派遣して、祭祀を行なったという。「周公旦を少昊の墟なる曲阜に封ず」という記録が残るほか、孔子は少昊から数えて47代目の孫にあたり、少昊を孔子の祖先とする説もある。

両観台 两观台
liǎng guān tái リィアングゥアンタァイ [★☆☆]

紀元前496年に、魯の大司寇となった孔子が少正卯を誅殺し

たという両観台。孔子は就任して7日目に、5つの項目をあげ、「魯の聞人」と呼ばれた有力者の少正卯（魯の体制をおびやかす新勢力であった）を「国を乱す者」としてここで誅殺した。聖人の孔子が少正卯を殺害したことは、弟子の子貢がその理由を問うたのをはじめ、その後、多くの論争を呼んだ。「両観台」と刻まれた石碑が立っている。

春秋書院 春秋书院 **chūn qiū shū yuàn**
チュンチィウシュウユゥエン ［★☆☆］
曲阜の東南8㎞、息陬村は孔子が『春秋』を編纂した場所だ

CHINA
山東省

と伝えられる。『春秋』は、魯国の史官が書き留めていた魯国の歴史の記録をもとに孔子が編集したもので、春秋時代という文言はここからとられている。宋代に祠が建てられ、春秋書院とも息陬書院とも呼ばれていた（1771年、乾隆帝「孔子作春秋処」の六字を刻した碑を建てた）。20世紀末の文革のときに破壊をこうむった。

梁公林 梁公林
liáng gōng lín リィアンゴォンリィン［★☆☆］

防山の北、泗水の南に位置し、孔子の父の叔梁紇と母の顔徴

Qufu 曲阜東部城市案内

在が埋葬されている梁公林。孔子の父は身分は低かったものの武勇で知られ、魯の貴族に仕えていた。のちの世に孔子の父親として評価されるようになり、宋代の1008年に斉国公に、1331年に啓聖王に封じられた（そのため啓聖王林ともいう）。1244年、孔子第51代孔元措が神道をつくり、石柱、石像、墓碑を建て、1417年に梁公林を整備した第56代孔希学など、その後も改修が続いた。柏や檜が鬱蒼としげるなか、長さ177.9mの神道が伸び、奥に合墓が位置し、「聖考啓聖王墓」の文言が見える。曲阜の東6.5㎞に位置する。

Guide, Ni Shan
尼山鑑賞案内

曲阜の東南30kmに位置する尼山は
孔子生誕の地で
尼山孔廟、夫子洞、尼山聖境などが位置する

尼山 尼山 ní shān ニイシャン ［★★☆］

尼山水庫にのぞみ、主峰の鳳凰山（649m）を中心に海抜200〜500mの山が連なる尼山。尼山（昌平郷、陬邑）は孔子の郷里で、紀元前551年、孔子はこの地に暮らす父叔梁紇と母顔徴在のあいだに生まれた。母は祈祷師でもあり、近くの尼丘山で祈り、ここで孔子を授かった。生まれたばかりの孔子は頭のうえがへこんでいたため（丘のような形状）、丘と名づけられ、のちに孔子の諱をさけて尼丘山は尼山と呼ばれるようになった。やがて孔子が3歳のとき父叔梁紇がなくなり、母の顔徴在とともに魯の都（曲阜）に遷った。こうしたこ

【地図】尼山

【地図】尼山の [★★★]
- ☐ 孔廟 孔庙コォンミィアオ
- ☐ 孔林 孔林コォンリィン

【地図】尼山の [★★★]
- ☐ 尼山 尼山ニイシャン

【地図】尼山の [★☆☆]
- ☐ 尼山書院 尼山书院ニィシャンシュウユゥエン
- ☐ 夫子洞 夫子洞フウツウドォン
- ☐ 尼山聖境 尼山圣境ニイシャンシェンジィン
- ☐ 顔子林 颜子林イェンツウリィン
- ☐ 梁公林 梁公林リィアンゴォンリィン

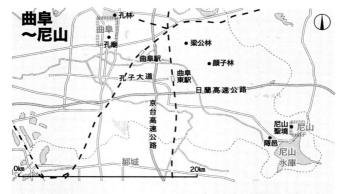

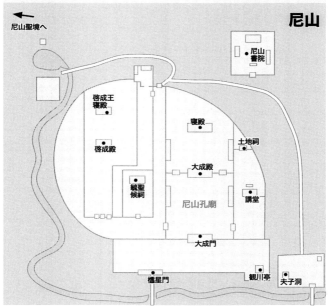

Qufu　尼山鑑賞案内

CHINA
山東省

とから尼山は儒教の聖地とされ、孔子をまつる「尼山孔廟」、儒教の講学が行なわれてきた「尼山書院」、孔子の生まれた「夫子洞」、高さ72mの尼山孔子像が立つ「尼山聖境」が位置する。また尼山のあたりからは、新石器時代の遺構も出土していて、「五老峰」「魯源林」「智源渓」「坤霊洞」「観川亭」「中和壑」「文徳林」「白雲洞」といった景勝地（「尼山八景」）が点在する。

尼山孔廟 尼山孔庙
ní shān kǒng miào ニィシャンコォンミィアオ [★★☆]
尼山孔廟は尼山中峰東麓に立ち、自然の地形にあわせるよう

Qufu

尼山鑑賞案内

に伽藍が展開する。唐代以前、ここで孔子の父である叔梁紇の祭祀が行なわれていたが、五代後周（951〜960年）の世宗が孔子生誕の地に尼山孔廟を建てた。その後、宋代の1043年に主体建築が建てられ、金の1194年、元の1332年、明の1417年、清の1678年というように改修拡大が続いて現在にいたる。孔廟の入口にあたる「欞星門」、大成殿に続く「大成門」、孔子像を安置する「大成殿」へといたり、尼山の神さまをまつった「毓聖候祠」、叔梁紇をまつる「啓成殿」、顔徴在をまつる「寝殿」も位置する。

CHINA
山東省

尼山書院 尼山书院
ní shān shū yuàn ニィシャンシュウユゥエン ［★☆☆］

尼山孔廟の北側に立ち、儒教の講学が行なわれた尼山書院。宋代の1043年に書院が建てられ、尼山孔廟の拡張にあわせて元代の1336年に尼山書院が整備された。儒教の経典が収蔵され、儒家の学習、研究の場となっていたほか、儒教の講学、教育も行なわれた。

Qufu 尼山鑑賞案内

▲左　オレンジジュースの屋台に出合った。　▲右　春秋戦国の諸侯国のなかでも有数の伝統を誇った魯国

夫子洞 夫子洞 fū zǐ dòng フウツウドォン ［★☆☆］

孔子を身ごもった母の顔徴在が、紀元前551年に孔子を産んだ場所と伝えられる夫子洞。顔徴在は祈祷師集団の出身であり、臨月となった顔徴在は尼山の山の神に祈った（儒教の「儒」という漢字が雨乞いやシャーマンと関係し、孔子の儒教も祈祷の儀礼と関係するという）。顔徴在が近くの洞窟で休息をとると、そこで孔子が生まれた。この場所が夫子洞で、坤霊洞ともいう。生まれたばかりの孔子の顔が熊のようであったため、顔徴在が逃げ出し、雌虎が孔子を育てたという伝説もある。

CHINA
山東省

尼山聖境 尼山圣境
ní shān shèng jìng ニイシャンシェンジィン [★☆☆]

尼山孔廟の西隣、尼山の美しい山水のなか、整備された文化旅游区の尼山聖境。2016年に完成した、高さ72mの巨大な尼山孔子像が立つ。近くには儒宮や書院などの建築群が尼山水庫にのぞむように位置する。

顔子林 颜子林 yán zi lín イェンツウリィン ［★☆☆］

曲阜の東 10 km、防山に南に位置する顔子林には、孔子最愛の弟子であった顔回（紀元前 514 〜前 483 年）の墓が残る。顔回は曲阜陋巷で清貧生活を送り、孔子よりも先になくなった。孔子の弟子たちは、顔回をあつく葬ろうとしたが、孔子はこれを許さず、質素に埋葬されたという。また顔子林は顔回末裔の墓群でもある。

Guide, Zou Cheng
鄒城 城市案内

CHINA
山東省

孔孟と孔子と併称される孟子
鄒城はこの孟子故里で
孟廟、孟府、孟林、孟母林などの見どころがある

鄒城 邹城 zōu chéng ゾウチャン ［★☆☆］

曲阜の南15kmに位置する鄒城は、孟子ゆかりの街。春秋時代には「邾」「邾婁」と呼ばれ、戦国時代にこの「邾婁」の二文字をあわせて「鄒」とした。魯（曲阜）と隣接した地域ということもあって、当時から鄒は魯と文化的に近く、儒家の活動地のひとつであった。孟子の生きた戦国時代の鄒は今より南東20kmの嶧山南麓（紀王城）にあったと推定され、南朝の劉宋のとき現在の場所へ遷ったという。市街には、孟府、孟廟が残り、街の中央の文化広場には書物『孟子』をかたどった竹簡が安置されている。また鄒城郊外に孟林、孟母

林などが位置する（曲阜の孔子同様、歴代王朝の保護を受けてきた）。

孟廟 孟庙 mèng miào モォンミィアオ ［★★☆］
かつての鄒県の南門外に立ち、孔孟と称される儒家の孟子（紀元前372〜前289年ごろ）をまつった孟廟。鄒県に生まれた孟子は、性善説を唱えて各地を遊説し、儒教を発展させたことから、孔子につぐ人物である「亜聖」と呼ばれる（そのため孟廟を「亜聖廟」ともいう）。宋代の1037年、孔子45代孔道輔が四基山の孟子墓のそばに創建したのが孟廟のはじま

【地図】曲阜〜鄒城

【地図】曲阜〜鄒城の［★★★］
- ☐ 孔廟 孔庙コォンミィアオ

【地図】曲阜〜鄒城の［★★☆］
- ☐ 孟廟 孟庙モォンミィアオ
- ☐ 周公廟 周公庙チョウグォンミィアオ

【地図】曲阜〜鄒城の［★☆☆］
- ☐ 鄒城 邹城ゾウチャン
- ☐ 孟林 孟林モォンリィン
- ☐ 九龍山漢墓群 九龙山汉墓群 ジィウロォンシャンハァンムウチュン
- ☐ 孟母林 孟母林モォンムウリィン
- ☐ 明魯荒王陵 明鲁荒王陵ミィンルウフゥアンワァンリィン

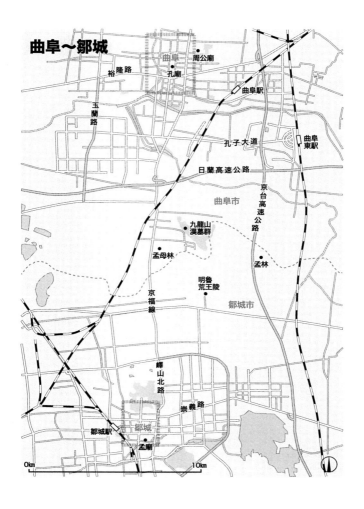

曲阜～鄒城

Qufu 鄒城城市案内

【地図】鄒城

【地図】鄒城の [★★☆]
- 孟廟 孟庙 モォンミィアオ
- 孟府 孟府 モォンフウ

【地図】鄒城の [★☆☆]
- 鄒城 邹城 ゾウチャン
- 鄒城博物館 邹城博物馆 ゾウチャンボオウウグゥアン

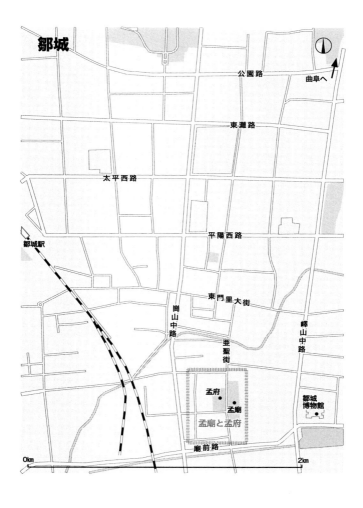

鄒城城市案内

CHINA
山東省

りで、その地は街から離れて不便だったため、1084年に鄒県東門外に建てられた。1121年、この孟廟は水害を受けたため、南門外に遷され、明代の1497年、1672年に修建され、現在の規模となった。中軸線状に建物を配置する宮殿様式となっていて、敷地は東西80m、南北320mになる。孟子の塑像、漢画像石が100点収蔵される「亜聖殿」、孟子の父の孟孫激をまつった「啓聖殿」、賢母の象徴とたたえられる孟母の「孟母殿」、また孟母にまつわる故事の「孟母断機処」や「孟母三遷」の石碑などが位置する。

▲左　鄒城の中心部、曲阜から南に15km。　▲右　鄒城は孟子ゆかりの街、孟廟、孟府が隣接する

Qufu 鄒城城市案内

孟子とは

孟子（紀元前372〜前289年ごろ）は、孔子がなくなってから100年ほど後の時代に生きた。孟家は、魯の貴族であった孟孫子の分家で、おちぶれて鄒に遷り住んだという。より学問に打ち込める環境のため三度住まいを遷した「孟母三遷」や、途中で学問を投げ出した孟子を戒める「断機の戒め」など、少年時代に母から受けた教育に関する故事が知られる。やがて鄒に隣接する魯で、孔子の孫である子思の門人から儒教を学び、孟子は斉の都臨淄の稷下、また弟子を連れて諸国で遊説した（「五十歩百歩」という言葉は、梁の恵王と孟子のや

CHINA
山東省

りとりのなかで生まれた)。孟子は、堯舜をたとえにし、王者がとるべき仁政、民を根本とした政治道、理想主義的な性善説を述べたが、戦国時代の中国では受け入れられなかった。晩年、鄒で弟子たちの指導にあたり、のちの世に儒教が国教となると、1083年に鄒国公、1332年に鄒国亜聖公、1530年に亜聖というように追封されていった。また天命を受けて統治する天子は、徳を失えば他のものが新たに天子となるという孟子の「易姓革命」は、日本では危険思想とされ、『孟子』を積んで日本に渡る船は沈没すると言われた。

鄒城市案内

孟府 孟府 mèng fǔ モォンフウ ［★★☆］

孟廟に隣接して立つ、孟子の子孫たちが暮らした孟府。北宋（960～1127年）初期に建てられ、以後、曲阜の孔府に孔子の子孫が暮らしたように、孟子の子孫がここを邸宅とした。1331年、元の文宗が孟子を「鄒国亜聖公」に追封して以来、「亜聖府」とも呼ばれた。正門にあたる「亜聖門」、孟府の中心にあたる「大堂」、皇帝から賜った書画を収蔵する「賜書楼」と、中軸線が続き、明清時代以来のたたずまいを見せる（前方部は孟家が執務をとった役所で、奥は住宅という構造をもつ）。清の乾隆帝は、孟府を二度訪れ、孟子像に一跪三叩の礼を行

山東省

なって敬意を示した。

鄒城博物館 邹城博物馆 zōu chéng bó wù guǎn
ゾウチャンボオウウグゥアン［★☆☆］

孟廟と孟府の東側に位置する鄒城博物館。「史前文物展」「古代青銅器展」「古代石刻展」「文物精品展」「古代陶瓷展」「北朝摩崖刻経展」「古代書画服飾展」などの展示が見られる。

孟林 孟林 mèng lín モォンリィン［★☆☆］

鄒県の北東13㎞、のどかな風景が続く四基山の西麓に残る

孟廟と孟府 / 鄒城城市案内 / Qufu

CHINA
山東省

孟林（亜聖林）。宋代の1037年、兗州知府の第45代孔道輔がここで孟子の墓を発見し、以来、孟林の造営がはじまった。1277年に「先師鄒国公墓」が整備され、その後、1343年に「思本堂」、1561年に「享殿」が建てられた。入口から奥に向かって神道が伸び、その奥に孟子の墓と亜聖孟子墓と刻した碑が立っている。孟林の敷地は、柏樹が生い茂っている。

九龍山漢墓群 九龙山汉墓群 jiǔ lóng shān hàn mù qún
ジィウロォンシャンハァンムウチュン [★☆☆]
曲阜の南9km、九龍山南麓に残る漢代の魯王墓をはじめとす

Qufu 鄒城城市案内

る九龍山漢墓群。漢代の曲阜（魯国）には都長安から封建された魯王を中心とする魯国があった。陵墓は5つあり、甬道、前室、後室へと続く3号墓の全長は72.1mになる。銀縷玉衣のかけら、五株銭はじめ、車馬器、鉄車馬器、陶器、半両銭などが出土した。

孟母林 孟母林 mèng mǔ lín モォンムウリィン ［★☆☆］
曲阜から南に13km離れた鳧村は、孟子が生まれた孟子故里とされる。この鳧村近く、馬鞍山西麓に孟子父母の墓の残る孟母林が位置する。孟母は、墓地のそばに住んでいたら葬式

CHINA
山東省

の真似を、市街の家では商売の真似をする孟子を見て、学校のそばに引っ越し、孟子が礼儀作法の真似をするようになったという「孟母三遷」、学業なかばで家に帰ってきた孟子を織りかけの機の糸を切って戒めた「孟母断機」の故事で知られる。中国の模範的女性の墓として、孟母林は宋の1037年に整備され、元代の1316年に「邾国宣献夫人」と追封されるなど、歴代王朝の保護を受けた。孟母墓が位置し、元、明、清時代の石碑が立つ。

明魯荒王陵 明鲁荒王陵 míng lǔ huāng wáng líng
ミィンルウフゥアンワァンリィン［★☆☆］

九龍山の南麓に位置する、朱元璋の第十子である朱檀とその妃の陵墓の明魯荒王陵。朱元璋は明王朝（1368〜1644年）の樹立にあたって、自らの子どもを各地に分封した。朱檀は1370年に生まれ、魯王（荒王）となり、曲阜一帯を統治した。「御橋」から「陵門」へと入り、「恩門」を過ぎると祭祀を行なう「恩殿」が立つ。その背後に石碑を安置する高さ13mの「明楼」、さらにその背後には全長50mあまりの「墓道」、深さ26mの「地宮」が残る。

Guide,
Qu Fu Jiao Qu
曲阜郊外
城市案内

風光明媚な景観で知られる石門山風景区
水滸伝の英雄ゆかりの梁山泊
曲阜郊外に点在する景勝地

石門山風景区 石门山风景区 shí mén shān fēng jǐng qū
シイメンシャンフェンジィンチュウ ［★☆☆］

曲阜の北東25km、ふたつの石の峰がならんで立つ石門山風景区。あたかも門のように見えることから石門山と名づけられ、龍門山ともいう（高さ406mの勝涵峰が最高峰）。孔子が易を学び、子路も立ちよった儒教ゆかりの地であるほか、金代に建てられた「石門寺」、李白と杜甫というふたりの詩人が酒を酌み交わした「李白杜甫宴別処」、漢代の官吏の「韋玄成墓」といった景勝地が見られる。石門寺は金代には全真教の道教寺院だったが、明代の1456年に仏教寺院となった。

CHINA
山東省

李白と杜甫が石門山で

中国を代表する唐代の詩人である李白（701〜762年）と杜甫（712〜77年）は、ごくわずかのあいだ生活をともにしたことがある。李白は奔放な自由人で玄宗に仕えたが、2年足らずで長安を追われて洛陽にやってきた。一方の杜甫は、そのとき科挙の合格を目指す書生であった。ふたりは744年、洛陽で遭遇し、高適をくわえて、3人で酒を酌み交わし、名勝を訪ねながら旅行した。そのとき李白は44〜45歳、杜甫は33〜34歳で、山東地方をまわり、745年の秋、ここ曲阜郊外の石門で別れた。このときふたりは別れを惜しんで、何

日にもわたって酒を酌み交わし、再び会うことを約束したという(李白の「魯郡東石門送杜二甫」が残っている)。その後、李白は放浪の旅を続け、杜甫は洛陽に戻り、長安に向かった。

九仙山 九仙山 jiǔ xiān shān ジィウシィアンシャン[★☆☆]
548.1mの最高峰、鳳凰山を中心に景勝地が点在する九仙山。「紅門宮」「王母宮」「碧霞祠」「鳳凰城」「安丘王墓」といった明清時代以来の建物、遺構が残り、孔子に似たたたずまいの孔子石も見られる。またここは春秋末期に斉と魯が闘った長勺之戦の跡地でもある。曲阜の北18㎞。

【地図】曲阜郊外

【地図】曲阜郊外の [★★☆]
- [ ] 梁山泊 梁山泊リィアンシャンポオ
- [ ] 尼山 尼山ニイシャン

【地図】曲阜郊外の [★☆☆]
- [ ] 石門山風景区 石门山风景区 シイメンシャンフェンジィンチュウ
- [ ] 九仙山 九仙山ジィウシィアンシャン
- [ ] 嶧山 峄山イイシャン
- [ ] 兗州 兖州イェンチョウ
- [ ] 済寧 济宁ジイニィン
- [ ] 曾子廟 曾子庙ツァンツウミィアオ
- [ ] 鄒城 邹城ゾウチャン

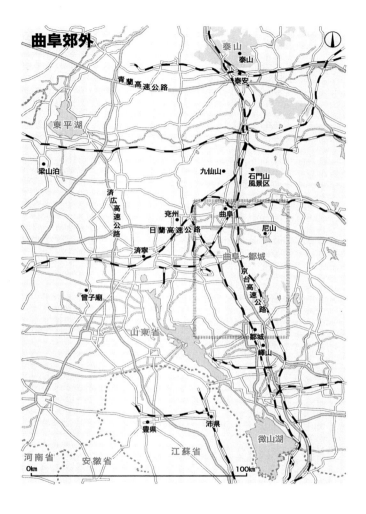

CHINA
山東省

嶧山 峄山 yì shān イイシャン [★☆☆]

鄒城の南東 10 kmに位置する高さ 582.8m の嶧山。戦国時代、嶧山南麓に鄒の都があったと伝えられ、紀元前 488 年に魯軍が攻めてきたとき、その都を捨て、嶧山にこもったという（その後、現在の鄒城へ街は遷った）。当時の城壁が残るほか、紀元前 219 年、秦の始皇帝が東方巡行にあたって泰山にのぼる前に立ち寄り、石碑を立てた山東省南西部の名山として知られる。「盤竜洞」「嶧陽書院」「孤桐書院」「仙人棚」「舎身崖」「五華峰」「八卦石」「通明天宮」「半山亭」などの書院、道観、景勝地が点在する。

曲阜郊外城市案内 Qufu

兗州 兖州 yǎn zhōu イェンチョウ ［★☆☆］

兗州という名前は、古代禹貢に登場する九州のひとつにまでさかのぼる。兗州は曲阜の西20kmに位置し、長らく曲阜は行政的にこの兗州の管轄下にあった。李白や杜甫が兗州に滞在して詩をつくったほか、近代、ドイツ人宣教師によって建てられた教会も残る。鉄道の京滬線、兗石線がここで交わる。

済寧 济宁 jì níng ジイニィン ［★☆☆］

山東省南西部の済寧は、兗州や曲阜を管轄する上位都市にあたる。春秋時代に任国があった場所で、宋、魯、斉、衛など

CHINA
山東省

が争奪を繰り広げた。古く魯国の都の曲阜や、兗州がこのあたりの中心地だったが、元代に大運河が開通すると、こちらが発展するようになり、1271年以来、済寧の名で知られる。明清時代を通じて南北物資の往来する漕運の中心地だったところで、山東省第一の商業地だったが、1855年以降の黄河北遷や津浦鉄道の開通で、済南にとって替わられた。李白が酒を飲んだという「太白楼」、魏、唐、明、清時代の「漢碑群」、560年創建の「済寧鉄塔」などが残る。工業が発達し、あたりには豊富な地下資源が埋蔵されているという。

▲左　フルーツを載せた三輪車。　▲右　巨大建築も立つようになった曲阜の郊外

曾子廟 曾子庙 céng zi miào ツァンツウミィアオ ［★☆☆］

魯の南武城の人曾子（紀元前505〜前436年）の故里に残る曾子廟。曾子は孔子の弟子のなかでもその真髄を体得していたとされ、復聖顔回、亜聖孟子とならんで、宗聖と呼ばれる（また「夫子の道は忠恕（まごころ）のみ」の言葉でも知られる）。曾子廟は、古くは紀元前426年に建てられ、当時は忠孝祠といった。明代の1444年に重修されて現在の姿となり、緑色の屋根瓦を載せる宮殿様式の建築となっている。本殿は曾子像を安置する「宗聖殿」で、その奥に曾子の墓が残るほか、「乾隆帝御碑亭」が立つ。

CHINA
山東省

梁山泊 梁山泊 liáng shān pō リィアンシャンポオ ［★★☆］
中国を代表する長編小説『水滸伝』の舞台として知られる梁山泊。梁山泊は山東省西部の黄河の氾濫原で、元代には大きな湖だったが、やがて浅くなり、明末清初の頃から周囲5kmほどになり、やがて干あがっていった（その名残が東平湖で、大運河が通る。梁山は高さ197.9m）。小説『水滸伝』では、この人を寄せつけない湖（水滸）に集まった宋江を中心とする108人の群盗たちが、朝廷に対して立ち向かっていく。義理人情にあつく個性的な登場人物と、痛快な展開で、中国の人びとは『水滸伝』の物語に魅せられてきた。現在は水泊梁

Qufu 曲阜郊外城市案内

山風景区として整備されていて、「忠義堂」「号令台」「石碣文台」「断金亭」「黒風亭」「仿宋街」「花栄射箭」など、宋代の『水滸伝』の世界を思わせる建物や街並みが再現されている。

城市の
うつり
かわり

隋、唐、元、明、清と王朝が変遷していくなか
曲阜には一貫して孔子の子孫たちが暮らしていた
2500年続く中国を象徴する一族ゆかりの街

古代（〜紀元前8世紀）

曲阜一帯には新石器時代から人が暮らし、大汶口文化（紀元前4000〜前2000年ごろ）やそれを継承した龍山文化（紀元前2500年〜前1700年ごろ）の遺構が残っている。また紀元前15世紀ごろ、黄河中流域から金属器を使用する人たちが魯西南平原へいたったという。曲阜は、山東丘陵の西の麓、泗水のつくった平野に位置し、山東地方でもっとも早くから開発された地にあたる。伝説の黄帝は曲阜東の寿丘で生まれ、舜もここで道具をつくったという。炎帝、少昊が都をおき、東夷（奄人）と呼ばれる人たちが暮らしていた。殷代、曲阜

CHINA
山東省

は奄(紀元前16〜前8世紀)と呼ばれ、甲骨文字のなかに「王入于奄」とあることから、殷文化の中心のひとつで、王都であったと考えられている。

西周〜春秋戦国(紀元前11〜前3世紀)

紀元前11世紀、殷周革命を成し遂げた周は、その功労者である周公を殷の遺民(東夷)の多く暮らす東国の曲阜に封建した。このとき実際にやってきたのは、周公の子の伯禽で、ここに魯国がはじまり、周王朝の文物や伝統が曲阜にもたらされた。当初、魯国では、東夷(奄人)、殷民六族、周人(魯

Qufu　城市のうつりかわり

貴族)が共存する状態で、周囲の異民族を同化しながら、未開発の地域が開拓されていった。春秋初期、魯国は華北の政治、経済、文化の中心地であり、当時の魯国故城は現在の曲阜の7倍の規模だった。西周当初の礼楽が衰えていくなか、孔子(紀元前551〜前479年)は春秋時代の魯国に生き、儒家は曲阜を活動の中心とした。この魯国は隣国の斉や宋と争いながらも、900年続き、紀元前249年に楚に滅ぼされると、魯国は魯県にあらためられた。その後、春秋戦国時代は紀元前221年に秦の始皇帝によって統一された。

CHINA
山東省

漢〜隋唐宋元（紀元前3〜14世紀）

項羽（紀元前232〜前202年）の大軍が魯を囲んだときでも、曲阜の儒者は詩書を手にとり、弦歌の音がたえなかったという。項羽と戦った劉邦（漢の高祖）は曲阜で孔子をまつったことから、その後の漢代400年の繁栄につながったと考えられた。漢代、曲阜には魯王が封じられ、曲阜を都とした魯国は、その後、魯県、魯郡の行政府となったが、北魏（386〜534年）以来、魯城は周公廟一帯にあり、隋代の584年に汶陽県、そして596年に曲阜と定められた（この時代にはじめて曲阜という街名が使われた）。隋代、大運河が開通すると、曲阜の

▲左　曲阜旧城と孔林のあいだを走る馬車。　▲右　顔回が身をやつしながら生活したという陋巷

西の済寧が発展し、曲阜は孔廟の残る一地方都市という性格になった。隋から唐、宋初期へと時代は遷り、宋の1012年、真宗は伝説の黄帝を夢に見て、その生誕地である寿丘に新たに街（曲阜）を築いた。これが現在の旧県にあたる仙源県で、宋、金、元、明中期までの曲阜は、現在よりも東側にあった。

明清（14〜20世紀）

明初、山西省洪洞から多くの移民が曲阜に移住してきたと伝えられる。その後、1510年から起こった土匪の劉六・劉七の反乱では街が破壊され、曲阜の孔廟にも兵が駐屯するほど

CHINA
山東省

だった。こうしたなか、新たな街の建設が 1513 年からはじまり、孔廟を街の中軸線とし、1522 年には周囲に城壁をめぐらせる曲阜が姿を見せた。明清時代の曲阜は、兗州府曲阜県治所という位置づけだったが、街の大部分を孔廟と孔府がしめたことから、孔子や儒教ゆかりの街という性格が強調された。とくに清朝皇帝の康熙帝（在位 1661 〜 1722 年）や乾隆帝（在位 1735 〜 95 年）が南巡してたびたび曲阜を訪れるなど、曲阜、孔家、儒教と皇帝や王朝との結びつきも見られた。

Qufu 城市のうつりかわり

近現代（20世紀〜）

近代になって鉄道が走るようになると、聖地曲阜を大きく迂回して京滬線が走り、曲阜北西の姚村に曲阜駅があった。1937年に日中戦争がはじまると、日本軍が曲阜に進出し、儒教にゆかりのある日本人にとっても曲阜は聖域と見なされていた（この時代、日本人によって魯国故城が調査されている）。一方の孔子第77代の孔徳成は、蒋介石とも重慶に遷り、終戦後の1949年に中華人民共和国が誕生すると、台湾へ逃れることになった。また1966年から10年続いた文化大革命では、儒教や孔子が否定され、曲阜の文物も破壊の憂き目に

CHINA
山東省

あった。その後、改革開放のなかで、孔子は優れた教育者として再評価されるようになり、現在では孔子の誕生した9月28日に国際孔子文化節が行なわれる。また20世紀末に曲阜駅が街の南東に整備され、21世紀に入ると、高速鉄道の曲阜東駅が街の東郊外につくられた。

Qufu

城市のうつりかわり

参考文献

『孔孟之乡・运河之都・文化济宁』（杨凤东 / 山东友谊出版社）

『孔子廟参拝記』（莵田茂丸 / 平凡社）

『孔子聖蹟志』（馬場春吉 / 大東文化協會）

『山東省・曲阜 儒家思想はぐくんだ孔子の里』（劉世昭 / 人民中国）

『曲阜以前の魯国の所在に対する一試論：中国山東省前掌大遺跡の諸問題』（黄川田修 / 考古學雜誌）

『曲阜魯城の遺蹟』（駒井和愛 / 東京大学文学部考古学研究室）

『曲阜と易水』（駒井和愛 / 史学雑誌）

『論語と孔子の事典』（江連隆 / 大修館書店）

『遺跡の現場から 中国・曲阜における泮池遺構について』（劉海宇 / 遺跡学研究）

『曲阜舊縣の故城』（駒井和愛 / 考古学雑誌）

『中国名勝旧跡事典』（中国国家文物事業管理局編・鈴木博訳・村松伸解説 / ぺりかん社）

『孔子：その子孫が語る孔府の話』（孔徳懋著・杉山市平訳 / 外文出版社）

『李白と杜甫』（高島俊男 / 講談社）

『世界大百科事典』（平凡社）

まちごとパブリッシングの旅行ガイド
Machigoto INDIA , Machigoto ASIA , Machigoto CHINA

【北インド - まちごとインド】

001 はじめての北インド
002 はじめてのデリー
003 オールド・デリー
004 ニュー・デリー
005 南デリー
012 アーグラ
013 ファテープル・シークリー
014 バラナシ
015 サールナート
022 カージュラホ
032 アムリトサル

【西インド - まちごとインド】

001 はじめてのラジャスタン
002 ジャイプル
003 ジョードプル
004 ジャイサルメール
005 ウダイプル
006 アジメール（プシュカル）
007 ビカネール
008 シェカワティ
011 はじめてのマハラシュトラ
012 ムンバイ
013 プネー
014 アウランガバード
015 エローラ
016 アジャンタ
021 はじめてのグジャラート
022 アーメダバード
023 ヴァドダラー（チャンパネール）

024 ブジ（カッチ地方）

【東インド - まちごとインド】

002 コルカタ
012 ブッダガヤ

【南インド - まちごとインド】

001 はじめてのタミルナードゥ
002 チェンナイ
003 カーンチプラム
004 マハーバリプラム
005 タンジャヴール
006 クンバコナムとカーヴェリー・デルタ
007 ティルチラパッリ
008 マドゥライ
009 ラーメシュワラム
010 カニャークマリ
021 はじめてのケーララ
022 ティルヴァナンタプラム
023 バックウォーター（コッラム〜アラップーザ）
024 コーチ（コーチン）
025 トリシュール

【ネパール - まちごとアジア】

001 はじめてのカトマンズ
002 カトマンズ
003 スワヤンブナート

004 パタン
005 バクタプル
006 ポカラ
007 ルンビニ
008 チトワン国立公園

【バングラデシュ - まちごとアジア】

001 はじめてのバングラデシュ
002 ダッカ
003 バゲルハット（クルナ）
004 シュンドルボン
005 プティア
006 モハスタン（ボグラ）
007 パハルプール

【パキスタン - まちごとアジア】

002 フンザ
003 ギルギット（KKH）
004 ラホール
005 ハラッパ
006 ムルタン

【イラン - まちごとアジア】

001 はじめてのイラン
002 テヘラン
003 イスファハン
004 シーラーズ
005 ペルセポリス
006 パサルガダエ（ナグシェ・ロスタム）
007 ヤズド
008 チョガ・ザンビル（アフヴァーズ）
009 タブリーズ
010 アルダビール

【北京 - まちごとチャイナ】

001 はじめての北京
002 故宮（天安門広場）
003 胡同と旧皇城
004 天壇と旧崇文区
005 瑠璃廠と旧宣武区
006 王府井と市街東部
007 北京動物園と市街西部
008 頤和園と西山
009 盧溝橋と周口店
010 万里の長城と明十三陵

【天津 - まちごとチャイナ】

001 はじめての天津
002 天津市街
003 浜海新区と市街南部
004 薊県と清東陵

【上海 - まちごとチャイナ】

001 はじめての上海
002 浦東新区
003 外灘と南京東路
004 淮海路と市街西部
005 虹口と市街北部
006 上海郊外（龍華・七宝・松江・嘉定）
007 水郷地帯（朱家角・周荘・同里・甪直）

【河北省 - まちごとチャイナ】

001 はじめての河北省
002 石家荘
003 秦皇島
004 承徳
005 張家口
006 保定
007 邯鄲

【山東省 - まちごとチャイナ】

001 はじめての山東省
002 はじめての青島
003 青島市街
004 青島郊外と開発区
005 煙台
006 臨淄
007 済南
008 泰山
009 曲阜

【江蘇省 - まちごとチャイナ】

001 はじめての江蘇省
002 はじめての蘇州
003 蘇州旧城
004 蘇州郊外と開発区
005 無錫
006 揚州
007 鎮江
008 はじめての南京
009 南京旧城
010 南京紫金山と下関
011 雨花台と南京郊外・開発区
012 徐州

【浙江省 - まちごとチャイナ】

001 はじめての浙江省
002 はじめての杭州
003 西湖と山林杭州
004 杭州旧城と開発区
005 紹興
006 はじめての寧波
007 寧波旧城
008 寧波郊外と開発区
009 普陀山
010 天台山
011 温州

【福建省 - まちごとチャイナ】

001 はじめての福建省
002 はじめての福州
003 福州旧城
004 福州郊外と開発区
005 武夷山
006 泉州
007 厦門
008 客家土楼

【広東省 - まちごとチャイナ】

001 はじめての広東省
002 はじめての広州
003 広州古城
004 天河と広州郊外
005 深圳(深セン)
006 東莞
007 開平(江門)
008 韶関
009 はじめての潮汕

010 潮州
011 汕頭

【遼寧省 - まちごとチャイナ】

001 はじめての遼寧省
002 はじめての大連
003 大連市街
004 旅順
005 金州新区
006 はじめての瀋陽
007 瀋陽故宮と旧市街
008 瀋陽駅と市街地
009 北陵と瀋陽郊外
010 撫順

【重慶 - まちごとチャイナ】

001 はじめての重慶
002 重慶市街
003 三峡下り（重慶〜宜昌）
004 大足

【香港 - まちごとチャイナ】

001 はじめての香港
002 中環と香港島北岸
003 上環と香港島南岸
004 尖沙咀と九龍市街
005 九龍城と九龍郊外
006 新界
007 ランタオ島と島嶼部

【マカオ - まちごとチャイナ】

001 はじめてのマカオ
002 セナド広場とマカオ中心部
003 媽閣廟とマカオ半島南部
004 東望洋山とマカオ半島北部
005 新口岸とタイパ・コロアン

【Juo-Mujin（電子書籍のみ）】

Juo-Mujin 香港縦横無尽
Juo-Mujin 北京縦横無尽
Juo-Mujin 上海縦横無尽
見せよう！デリーでヒンディー語
見せよう！タージマハルでヒンディー語
見せよう！砂漠のラジャスタンでヒンディー語

【自力旅游中国 Tabisuru CHINA】

001 バスに揺られて「自力で長城」
002 バスに揺られて「自力で石家荘」
003 バスに揺られて「自力で承徳」
004 船に揺られて「自力で普陀山」
005 バスに揺られて「自力で天台山」
006 バスに揺られて「自力で秦皇島」
007 バスに揺られて「自力で張家口」
008 バスに揺られて「自力で邯鄲」
009 バスに揺られて「自力で保定」
010 バスに揺られて「自力で清東陵」
011 バスに揺られて「自力で潮州」
012 バスに揺られて「自力で汕頭」
013 バスに揺られて「自力で温州」
014 バスに揺られて「自力で福州」
015 メトロに揺られて「自力で深圳」

【車輪はつばさ】
南インドのアイラヴァテシュワラ寺院には建築本体に車輪がついていて寺院に乗った神さまが人びとの想いを運ぶと言います。

・本書はオンデマンド印刷で作成されています。
・本書の内容に関するご意見、お問い合わせは、発行元の
　まちごとパブリッシング info@machigotopub.com までお願いします。

まちごとチャイナ
山東省009曲阜
〜儒教の聖地「孔子故里」[モノクロノートブック版]

2017年12月14日　発行

著　者	「アジア城市（まち）案内」制作委員会
発行者	赤松　耕次
発行所	まちごとパブリッシング株式会社
	〒181-0013　東京都三鷹市下連雀4-4-36
	URL　http://www.machigotopub.com/
発売元	株式会社デジタルパブリッシングサービス
	〒162-0812　東京都新宿区西五軒町11-13
	清水ビル3F
印刷・製本	株式会社デジタルパブリッシングサービス
	URL　http://www.d-pub.co.jp/

MP197

ISBN978-4-86143-331-3 C0326　　　　Printed in Japan
本書の無断複製複写（コピー）は、著作権法上での例外を除き、禁じられています。